智元微库
OPEN MIND

成 长 也 是 一 种 美 好

从IP助理到合伙人

爆发式成长的跃迁指南

文文◎著

人民邮电出版社

北京

图书在版编目（CIP）数据

从 IP 助理到合伙人：爆发式成长的跃迁指南 / 文文著 . -- 北京：人民邮电出版社，2025. -- ISBN 978-7-115-67459-3

Ⅰ．F713.36

中国国家版本馆 CIP 数据核字第 2025HJ2941 号

◆ 著　文　文
责任编辑　王铎霖
责任印制　周昇亮

◆人民邮电出版社出版发行　　北京市丰台区成寿寺路 11 号
邮编 100164　　电子邮件 315@ptpress.com.cn
网址 https://www.ptpress.com.cn
天津千鹤文化传播有限公司印刷

◆开本：880×1230　1/32
印张：8　　　　　　　　　　2025 年 8 月第 1 版
字数：146 千字　　　　　　2025 年 8 月天津第 1 次印刷

定　价：59.80 元
读者服务热线：（010）67630125　印装质量热线：（010）81055316
反盗版热线：（010）81055315

从 IP 助理到合伙人，我的成长之旅

亲爱的读者朋友们，感谢你们能为这本书驻足，因为身为作者的我，从任何角度看都只是一位 37 岁的平凡女性，好像并没有什么过人之处。促使我写下这些文字的动力，是我想把自己 30 岁之后的巨大人生转变，分享给大家。

因此，撰写这篇序言时，我心中满是感慨。在我人生的前 30 年，出版一本书对我来说简直是一个遥不可及的梦想。

故事从哪里开始呢？或许是 30 岁那年，那是我人生的至暗时段。

2010 年大学毕业后，我没有选择进入企业工作，而是选择了自主创业。这里的创业不是听上去光鲜亮丽的融资、开公司，而是经营一间小小的服装店，面积只有二十几平方米。然而，在电子

商务的冲击下，实体服装店开始逐渐走下坡路。

2016年，我终于下定决心经营网店。为了更靠近服装产业的"大本营"，我带着一家老小奔赴广州，可那时早已错过了最佳时机。我坚持了半年，网店的订单却寥寥无几，新事业陷入了困顿。

那时的我即将30岁，还有两岁的儿子需要照料。我该如何是好？我又该何去何从？

当时的我，早已不是充满无限可能的年轻人了。但为了维持基本生活，我不得不重新踏入职场，拿着微薄的薪资，做基础的工作。然而，我内心并不甘于如此。我自认为并不比别人笨，能吃苦，还算勤奋努力，但为什么快30岁了，依旧一事无成？难道像我这样平凡的人，就真的没有机会了吗？

人在迷茫无助的时候，常常会选择向外探求可能的解决方法，于是我试图在网络中寻觅机会。偶然间，我点开了一篇公众号文章，作者是一位"90后"，他在文中写道："坐在格子间里，朝九晚五，过着一眼就能看到尽头的生活……"

这简直就是我当时生活的真实写照啊！我被文章深深打动，读完才发现文章结尾在售卖公众号运营课程，便怀着好奇与期待买下了课程。

在那段日子里，白天我是在格子间里勤勤恳恳工作的"打工人"，下班后我是母亲和学习者。在哄睡儿子后，我抽出时间学习，从公众号运营起步，到 PPT 制作、文案撰写……我强烈渴望通过学习一些新的知识和技能来改变现状。当年，我所在的城市平均月薪大约 3000 元，但我心里一直想跨过这条线——究竟如何才能从月薪 3000 元达到月入过万元？

我给自己定了半年目标，每晚都强迫自己坐在电脑前学习。说实话，由于多年未曾系统地学习，我的大脑仿佛生锈了一般，运转起来比较迟缓，着急焦虑时我甚至想要薅下自己的头发。学习新行业知识的过程着实痛苦，为了监督自己，我每天都在朋友圈打卡记录学习情况。

在别人眼中，我仿佛着了魔。有人看到后说："你都 30 岁了，还妄图成为作家？"

不管别人怎么说，那段日子里，我拒绝了大部分社交邀约，一个人越学越起劲儿。

2018年，插座学院^①在北京开设了线下新媒体课程，粥左罗老师是讲师之一。没错，粥左罗就是我前面提到的那位"90后"。

然而，这次课程需要脱产学习12天，学费要9999元，这对当时月薪只有3000多元的我来说，无疑是一笔巨额开支，更何况还要另行支付差旅费。这让我有点纠结，伴侣看出了我的犹豫，他鼓励我说："如果你觉得不去会后悔，那就去吧！"

于是，我踏上了前往北京的旅程。课程结束后，许多同学都选择留在北京，好几位都进入了十点读书、书单来了、凯叔讲故事等知名新媒体公司任职。而我，则向南踏上了返程列车——儿子还等着我回家。

"咣当……咣当……"绿皮火车行驶在夜晚的铁轨上，周围的乘客大多已进入梦乡，我却辗转反侧，难以入眠。我起身坐在车厢的过道里，唯有火车的行进声在耳边回响。我望着黑漆漆的窗外，心中满是对未来的迷茫和忧虑。

那之后的生活似乎并没有什么改变：我的工作没有改变，收入也

---

① 国内知名的新媒体职业教育平台，由何川创立，也就是现在的插座App。——编者注

没有明显提高。我无法像那些年轻的同学那样，留在北京谋求更好的发展机会。我知道，周围很多人都认为人到中年，作为女性的我应该安于现状，将生活的重心放在家庭和孩子上。然而夜深人静时，我内心有一个声音在不断地呐喊：我不甘心，我想成为更好的自己、闪闪发光的自己。

所以，虽然不能去北京工作，但我还是想学习更多技能，同时提升自己的认知、增长自己的见识。在得知粥老师开了一个新的年度社群后，我第一时间就加入了。起初只是随意地写一些帖子，后来看到有点赞排行榜，我那股不服输的劲头一下子被点燃了。别人一周写两篇，我就要求自己一周至少写七篇，我还积极地在社群中和大家互动交流，目标就是登上点赞榜的榜首。

就这样过了一个多月，忽然有一天，粥老师向我要电话号码，惊喜之中我赶忙将号码发了过去。电话接通后，他说想邀请我合作，让我从助理的岗位做起。那一刻，我仿佛被幸运之神眷顾，犹如中了大奖。

怎么会是我呢？粥老师的线上学员超过 10 万人，线下学员也有上千人。为什么会选中我这样一个拖家带口，还无法前往北京工作的中年妇女？

他说，因为我给他寄了柳州螺蛳粉。当时有很多学员找他借钱、请求推荐工作或者咨询写作相关的事情。而我虽然手头并不宽裕，但还是用自己的方式表达了感激之情。

这当然是玩笑话。后来我才明白，是因为我的努力和毅力——尽管身处柳州，肩负着家庭的责任，我仍然愿意拿出所有的积蓄前往北京学习，并且能够一个多月雷打不动地坚持在社群里分享自己的所学所思。

我们开始异地合作。最初，这份工作让我既兴奋又慌乱。第一次整理星球分享点赞排行榜时，就发生了错漏，我顾不上吃饭，马上弥补错误；与用户交流互动时，沟通分寸拿捏不准得罪了人，我还得努力让自己保持镇定；处理商务合作事宜时，我格外小心谨慎，生怕出现任何差错。每天的工作都琐碎繁杂，但我从未有过放弃的念头，反而感到自己每天都有新的成长，很庆幸自己能跟着IP[①]一起工作。

命运的齿轮因一次契机再次加速转动。

[①] 主要指通过内容创作获得一定影响力的个人。关于 IP 概念的详细介绍，本书将在后文呈现。——编者注

我注意到社群里有很多渴望学习新技能的伙伴，比如有人想学写作却缺乏有效的指导。于是，我提议开设写作训练营来帮助大家。起初，我毫无运营经验，但提交了 12 页的运营方案后，粥老师愿意支持我。靠着一边进行竞品分析，一边四处打电话请教他人，写作训练营最终得以顺利运营。训练营办到第三期时，我忽然被提拔为 IP 合伙人。

从 IP 助理晋升为 IP 合伙人，我仅仅用了 8 个月的时间，在此期间，我的收入也迅速翻了 8 倍。5 年后，我成立了自己的公司，相比于多年前开一间小小的服装店，这次的创业非常顺利，我与多位拥有百万关注者的 IP 达成了合作。

一路走来，很多人都觉得我非常幸运，遇到了很多贵人。

但看完前面的故事，你会发现，30 岁之前的我，似乎总是与时代的潮流背道而驰，错过了电子商务、公众号、抖音等发展的黄金机遇，走了许多弯路。30 岁后，我才终于赶上了潮流，跟随 IP 一起创业——虽然那时"IP 助理"这个概念还没有兴起，我只是单纯地跟着 IP 本人的步伐前行。

但我想说，这样的机会绝不是偶然。

IP 助理，在当下这个时代是个极具潜力与机遇的岗位。它不受地域的限制，无论是在繁华的大城市，还是偏远的小地方，只要有网络就可以开展工作。而且不论年龄与身份，你都能够在这个岗位上充分施展自己的才华，像我这样需要兼顾工作与家庭的女性，也能实现自我价值。

在过去的成长道路上，我常常仰望那些优秀的女性榜样，但她们大多起点颇高，仿佛闪耀在另一个世界的星光，让人感到遥不可及。平凡如我，该怎么办？

我找到了另外一种解法——从 IP 助理做起，寻找属于自己的职业价值。因此，我萌生了写这本书的念头：不仅仅是分享个人经历，更是希望通过自己的实战经验，帮助更多像曾经的我一样迷茫的人，使他们从生活的泥沼中艰难爬出，一步步重塑自己的人生。

书中没有高深的理论，也没有空洞的说教，有的只是真实的案例、实用的工具和真诚的建议。本书以六大模块为核心，系统地拆解了 IP 助理的职业全貌，一步一步带你看清 IP 助理的黄金机遇，学会与 IP 高效协同，掌握多任务处理与高效管理的实用工具，成为 IP 心尖上的"自己人"。本书涵盖写作、拍摄、私域与社群运营等"绝世武功"，助你勾勒从助理到合伙人的成长蓝图。

无论你是初入职场的新人，还是希望突破瓶颈的"老职场人"，这本书都将为你提供清晰的成长路径与实战工具。书中融入了大量真实案例、模板（如 SOP、沟通话术库）以及行业前沿洞察，帮助你快速掌握 IP 助理的核心竞争力。

IP 助理是一个充满挑战性的职业，也是一个充满可能性的职业。在这个岗位上，你不仅是在支持 IP 的成长，更是在书写自己的未来。希望这本书能成为你职业路上的灯塔，助你从"打杂"走向"共创"，从"幕后"走向"台前"，在职场舞台上散发耀眼的光芒。

祝愿亲爱的读者朋友，不被年龄、性别、地域、认知或现状束缚，把每一个平凡的当下，当成铸就非凡未来的起点。

文文

2025 年 3 月

目　录

chapter

1

IP浪潮催生宝藏岗位
——IP助理

第一节
IP 助理为什么比 IP 还稀缺

几年前，我的大学同学问我："文文，你做助理，家里人同意吗？"

我知道，同学没问出口的那句话是："你为什么做助理这种基础岗位呢？"这个问题让我意识到，很多人对助理工作内容的认知还停留在"打杂"层面。

但真相是，教育博主开出 3 万元月薪找"会用双语写脚本的 00 后"，知识 IP 点名要"懂数据运营的宝妈"，艺术"大 V"招聘"能独立布景拍摄的实习生"……

你有没有发现，不同类型的 IP 对助理的要求各不相同？那些站在大 IP 身边的人，有时候反而比 IP 本人更抢手。

助理真的不只是做订机票、订酒店这种杂务，那些认为"助理 = 打杂"的人不会知道，IP 助理不是跟在巨人的身后，而是与巨人并肩前行。成为 IP 助理，不仅会提升能力，更能拓宽视野，从而让你实现人生蜕变。

某头部主播曾经的助理在调试灯光的过程中，摸透了直播流量的命门；某万人社群运营者过去的助理，现在已是估值过亿公司的联合创始人；我从三线小城宝妈到拥有百万关注者的"大V"的合伙人，也实现了职业生涯的跃迁，收入翻了十几倍。自己创业后，凭借做助理时积累的资源，我开展了线下授课、训练营、出书等多种业务。

从零基础打造 IP 的角度来说，IP 助理可以借势成长，少走很多弯路，在未来打造自己的 IP。从职场晋升路径看，IP 助理是实现职场跃迁的一条捷径。IP 助理进入公司后，往往会被当作重点培养对象，有机会晋升为 IP 合伙人或联合创始人。

IP 们都很机智，对于表现出色的助理，他们大多与其深度合作，鲜少让人才回流到市场重新找工作。他们更不会盲目招人，而是优先在自己的圈层里挖掘有潜力的年轻人，并将其精心培养成自己的得力干将。

所以，IP 助理这样的优质岗位很少出现在招聘网站上，想靠发个广告就找到优秀助理，那简直就是痴人说梦。仔细浏览招聘网站上的信息，你会发现很难看到 IP 助理岗位的招聘信息。这是因为在市场上，既能满足"助理"这个岗位的基础要求，又能满足 IP 本人在自己细分领域要求的人才，实在是太少了。

讲完需求端，我们再来看储备端。随着 IP 热潮席卷而来，很多人逐渐转战自媒体领域，如雨后春笋般在 IP 赛道纷纷冒头。一旦成功打造了个人形象、放大了个人影响力，工作量注定成倍增长：每天要创作各种形式的内容，对接各种纷繁复杂的事务，忙起来连轴转，吃饭睡觉都得争分夺秒。

在 IP 公司的架构里，IP 就像一颗璀璨的恒星，其他员工开展工作就像行星紧密围绕着恒星转动。IP 行业是靠知识和创意驱动的，IP 就是公司最核心的宝藏，其价值无可替代。一篇精彩绝伦的文章、一个创意爆棚的视频，产生的影响力可能是普通内容的成百上千倍。

李子柒一条名为"兰州牛肉面"的视频引发全球观众热议，产生了几十万次有关"想学中国手艺"的跨语言互动。她通过视频描述的田园生活，引发了外国网友对中国文化的向往，该视频在油管（YouTube）获得惊人的播放量。她独具一格的东方美学叙事方式，带来了深远的文化共鸣。

传统行业的企业经营者看到成为 IP 能免费、高效地获取用户信任和流量，也纷纷下场打造个人 IP。一家濒临倒闭的古法酱油厂，都因创始人女儿打造的"酱油公主"账号，用一句"时间会撒谎，但酱油不会"，让老业务焕发新生机。

创始人 IP 崛起的背后，势必少不了专业人士的辅助。一开始，IP 们往往拉身边的亲朋好友来临时救场，可效果往往不尽如人意。这就好比明星经纪人如果对娱乐圈一知半解、专业能力不过关，那么肯定没法助力明星大放异彩。

传统行业的人才因为专业领域的限制，往往很难满足 IP 行业的这些多元要求，就像不能要求一个厨师设计高楼大厦，因为二者根本不搭调。

为什么传统行业难出好的 IP 助理？在诸如服装厂的劳动密集型

行业里，讲究工人多劳多得，拼的是手脚麻利程度；在资本密集型行业里，如打车平台，比的是谁用户多、资金雄厚。明眼人知道，劳动密集型行业要的是"手速"，资本密集型行业看的是"资源"，而 IP 世界认的是"创意硬通货"。

经过专业训练的专职助理，对 IP 的风格、定位、受众喜好等足够熟悉，专业技能扎实，和 IP 配合得天衣无缝。无论是安排行程、对接商务合作，还是筹备直播、策划爆款内容，专职助理都能处理得游刃有余，让 IP 能专注于核心创作，轻松搞定各项事务。

而在 IP 崛起的早些年，传统"大 V"们大多没有聘请助理的习惯，也没意识到助理的巨大推动作用。随着新一代 IP 的崛起，大家才后知后觉地意识到，助理并非"伺候人的小角色"，而是 IP 生态系统中不可或缺的一环。IP 缺了他们，就像失去了左膀右臂，工作开展起来困难重重。

IP 们看到助理的价值，才开始着手招募和培养。但之前的认知空白，导致相关人才储备严重不足。高校及职业培训体系更新迭代的速度跟不上新兴岗位的发展速度，目前还没有 IP 助理相关的专业课程，这使得对口专业人才极为匮乏。就像一个没有储水的池塘，现在急需用水，其存量难以满足大家的需求。

现在再看同学当年的疑问，答案早已浮现。那些被认为只是在"打杂"的年轻人，正在用另一种方式定义成功：他们不抢话筒，却握着内容生产的开关；他们不做掌舵人，但清楚流量暗河里的每个旋涡；他们或许成不了超级 IP，却能让自己服务的个人 IP 被更多人看见。

这大概是最有魅力的职业进化：不做聚光灯下的主角，而做整个舞台的架构师。对于那些独具慧眼、敏锐洞察时代趋势的人来讲，IP 助理行业，就像尚未被充分发掘的宝藏，正等待着他们前来探索、挖掘。

第二节
人人都有 IP 梦，为什么要做助理

有天晚上，我刚刚陪伴 IP 结束直播。过去一位写作训练营的同学发信息说："某平台的旅行账号做起来了，接了到三亚拍推广 Vlog 的商单。"她发来的自拍照背后是碧海蓝天，一瞬间激起我出游的心。

回想做 IP 合伙人的 5 年里，经常有朋友问我："文文，你怎么不自己做 IP？"直到今天还有人追问："当了这么多年合伙人，你后悔吗？"

这些问题问得好，值得好好琢磨琢磨。

不瞒你说，我也曾一门心思学做 IP。在互联网迅猛发展的数十年里，无数怀揣炽热梦想的人扎进了 IP 打造的大军。大家都知道，个人 IP 一旦红起来，收入的天花板会很高。

我曾亲眼见证粥老师靠着内容创作从零创业，只用了不到 3 年的时间，年营收就达到千万元。身边的 IP 朋友们，靠着自媒体行业，年入百万、千万元，甚至将个人 IP 做成了产业，年营收过亿元。他们的起点，可能就是一支笔、一根网线、一台电脑。

还有我敬佩的戴建业教授，研究古典文学数十年，原本只在大学课堂传道授业。但他的古诗词讲解短视频，因为幽默又生动而在抖音、哔哩哔哩（B 站）走红，使他全网粉丝超千万。他虽未追求流量变现，但却以 IP 为媒介突破学术圈层，成为连接传统文化与大众的桥梁，实现从"学者"到"文化传播者"的身份转变。

由此可见，当个人 IP 与社会价值需求同频时，无论是物质变现，还是自我实现，都将自然发生。在人人都想做 IP 的时代，我并不例外。

那么，IP 究竟是什么？

IP 的全称是 Intellectual Property（知识产权），是人们对自己的智力劳动成果所享有的法定权利，专利、商标、著作权都属于这个范畴。目前在中文自媒体行业语境里，IP 是指具有商业价值的无形资产；具体来说，指在某个领域里，能持续输出内容、展现独特风格、获取大量关注，并且有一定影响力的品牌或个人。因此，IP 大致可分为品牌 IP 和个人 IP，二者相辅相成，可以互相转化。

一个已经具有一定影响力的品牌，为了更好地占领用户市场，或者为了与消费者、用户产生更深刻的连接，会推出一个拟人化的形象，即品牌 IP。蜜雪冰城的雪王，就是一个典型例子。相对于个人 IP，品牌 IP 更强调主体形象的标签化、符号化、商业化。

而从某种意义上说，个人 IP= 个人影响力 × 连接力。其中"个人影响力"指一个人或事物在某个领域中影响他人观点、行为的能力，与其专业知识、独特见解、人格魅力相关；"连接力"指与他人、资源、平台等建立联系和互动的能力，包括连接的广度、深度和效率等。连接力通过多种渠道和方式将个人影响力辐射出去，吸引更多关注和资源，实现更大价值。罗振宇跨年演讲（影响力）× 得到 App 学习社群（连接力），正是这一公式的典型实践。

除了特别解读 IP 的其他含义，本书所提及的 IP，仅指狭义范围内的个人 IP，即大家在各大网络平台上常见的"大 V""达人"，以及那些有影响力的个人。

大家都知道，如果 IP 这条路能顺利走通，那么其所带来的商业价值会很高。但现实是这条赛道太拥挤，能冲出重围的人没几个。因为想要把一个人打造成具有商业价值的资产，太不容易了。

1. 做 IP：一场奇幻冒险，你敢试试吗

有个朋友做留学赛道的自媒体内容创作，在抖音上很快就拥有了近千万粉丝，一跃成为头部大 IP。2019 年达到流量巅峰的时候，她一个月就能挣上千万元，拼搏了这几年，早就实现了财务自由。

跟在她身边的助理，心里清楚做 IP 很赚钱，嚷嚷着要出来单干。我劝这位助理说："别着急，先跟着 IP 多学点东西再走也不迟。"

助理说："可我不想再打工了。"

我知道他心里憋着一口气：既然别人能做 IP，为什么自己不能？他还是裸辞了，雄心勃勃去拍视频，结果视频点赞寥寥无几；又去开直播，一直没什么流量，折腾了大半年，几乎什么起色都没有。

他在周末沮丧地给我打电话："文姐，我用光 20 万元才看懂，老东家的核心根本不是文案——她能让剑桥招生官秒回邮件，能拿

到常青藤面试经验，这些资源壁垒，我在后台永远看不见。"

做 IP 就像买彩票，运气好，你就是千百个人中拿到"流量"大奖的那一位。

有人天生就是带着超强天赋的幸运儿，老天爷好像把所有的宠爱都给了他们，就像李子柒，方方面面都厉害：耐力、定力、动手能力、审美能力，让人望尘莫及；有人靠外表就脱颖而出，长得貌美如花、人见人夸，凭借容貌就能让粉丝量"蹭蹭"地涨，钱跟流水似的进账；还有人才华满得往外溢，写篇文章就能有超过 10 万的阅读量，一张嘴就金句频出，能把人逗得乐开花。

如果你恰好是其中一类人，那绝对是做 IP 的好苗子。

坦白说，我没有天仙般的容貌，也没那惊世才华；公众号的红利没赶上，抖音流量的红利错过了，小红书的红利勉强够着个尾巴尖儿。我还拖家带口，时间和精力比不上年轻人，可谓"天时地利人和"，一样都不沾边，这可怎么办？

我选择了一条"曲线救国"的路——从 IP 助理做起，最终成为众多知名 IP 的合伙人，获得稳定可观的现金流。朋友说："你是在北京赚钱，吃柳州的螺蛳粉，性价比超高。"自己创业后，我还是做与 IP 相关的业务，只是自主度更高，业务线更丰富。

有一次去上海做线下演讲，有个女孩跑过来问我："文文老师，您说我是做 IP 助理好，还是去做 IP 好？"

这姑娘当时正读大四，马上要毕业了，长得白白嫩嫩，模样机灵得很。好多像她这样的女孩想做 IP，毕竟做成了，说不定就能实现财务自由。在自媒体时代，如果你长得好看，业务能力还强，成功的概率的确比别人高那么一点，但也绝不是 100%。

我坦诚地给她交底："做 IP 就像买彩票。"这个时代最残酷的真相是：你以为在赌才华，其实在赌算法；你以为在拼内容，其实在拼资源。当绝大多数人渴望成为极少数的幸运儿时，更明智的做法或许是踏踏实实地陪跑，赚取服务费。

做 IP 时，遇到平台红利能提升成功概率。就像很多演员，外形条件和演技都不差，可就是火不起来，这里面多少缺点运气。

如果你现金流紧张，又特别着急变现赚钱，我不太建议一头扎进去做 IP。很多人以为做 IP 就是写文案、拍视频，这就像以为开餐厅只需要会炒菜，但其实选址、供应链、食品经营许可才是"生死线"。我见过太多才华横溢的人倒在流量陷阱里：他们内耗、自我怀疑，然后彻底放弃。与其孤注一掷，不如找个更靠谱、更稳当、更容易成功的办法——先进入 IP 的圈层，成为 IP 助理。

2. 做助理：梦想与现实的完美平衡

如果说做 IP 就像买彩票，那么做 IP 助理就像"打新股"。

什么是打新股？如果你炒过股就知道，只要账户里有一定资金额度，就能申请打新股，每次有新股时都可以申请购买。

打新股有什么好处？

第一点，申请不用掏钱。有股票额度，就有打新股的资格，而且可以一直申请，直到哪天中签了，再购买即可。

第二点，新股有更多的可能性。可别误会，我并不是鼓动你去炒股，只是拿这个打个比方。你要是跟随了一位好 IP，就等于买到了一只潜力股。如果他一路高升，你很可能跟着沾光。而且 IP 起势之后，垮掉的概率很低。什么叫"垮掉"？就是 IP 的形象崩塌了。实际上大部分 IP 都很爱惜自己的羽毛，不会轻易垮掉。

第三点，做 IP 助理，可比打新股容易多了。新股因为其优势，好多人都抢着申请购买，可你得中签才有资格买，就是说你想买还不一定买得着。但 IP 助理不同，市场对其需求巨大。

2023 年杭州的某家 MCN① 公司，给助理开出了很高的期权。在 IP 掘金潮里，IP 助理比 IP 更稀缺。

做 IP 助理，不仅是在为别人铺路，更是在为自己积累财富和经验。你给 IP 干活，IP 会给你发工资，你就有稳定的现金流；给 IP 打工还可以借着打工的机会，学习 IP 做事的方法，通过实战磨炼自己的真本事。

我助理营的一位同学，在北京打拼了两三年，工资一直徘徊在六七千元。她只能住在地下室，每月房租 1500 元，贵点的口红都舍不得买。某年年初，她转行做了 IP 助理，到同年五月的时候，税前收入都快到 3 万元了。跟着 IP 学怎么打造朋友圈、写文案、拍视频、塑造 IP 价值，从中收获的成长和锻炼可不是一点半点。

---

① Multi-Channel Network，多频道网络，指与内容创作者合作，提供运营和营销服务的组织。——编者注

以后要是想自己做 IP，做 IP 助理的工作经验就非常有价值。

还有位国外名校研究生毕业的同学，回国之后兜兜转转一年多都没找到满意的工作。恰好一位做英文教学的 IP 招助理，开出几万元的月薪，但要求助理的英语口语一定要好。我力荐这位同学去试一试，因为他留学多年，英语口语发音标准，而且网感好、会剪辑。结合个人优势，他很快就帮助 IP 把视频内容做火了，流量"蹭蹭"往上涨。现在，他成为 IP 合伙人，开启了新的事业。

我写这本书的初衷，是想帮助更多"打工人"找到新的赛道，找到属于自己的舞台。在 IP 身边做助理，无疑是当下非常好的一个工作选择。

当然，如果你渴望成为 IP，不妨大胆去尝试。前提是千万别孤注一掷，把所有鸡蛋放在一个篮子里，因为这样做的风险系数很高。最好做两手准备，先找份好工作获得稳定的现金流，让自己手里有点本钱，让每次"买彩票"的成本变得足够低。这样，你才能持续"买彩票"，一直把"做 IP"的事业进行下去。

你可以选择成为舞台上的明星，也可以选择做幕后那个点亮舞台的人。你准备好了吗？

第三节
IP 助理到底做什么

IP 助理的日常工作到底是什么？今天，我就来揭示 IP 助理的真实工作内容。

1.IP 助理的核心任务：省时间与搞业务

在好多人眼里，IP 助理好像就只是干些零零碎碎的杂务。打杂，确实是 IP 助理工作的一部分，可要是一直只干这个，肯定没法从助理晋升为合伙人或"二把手"。这就好比一个人爬山，如果只在山脚下晃悠，什么时候才能登顶？

聪明的 IP 助理，能像敏锐的侦探一样，迅速捕捉到 IP 的核心需求，然后顺着 IP 的心意来，最后达成自己的小目标。那么，IP 对助理到底有什么核心需求？IP 的需求看似复杂，但归纳起来，用两个词就能说清楚：省时间和搞业务。

(1) 省时间：IP 助理的基础任务

时间管理是 IP 助理的基本功。IP 的工作非常忙碌，强度很大。除了创作内容，IP 还需要兼顾管理、运营、商务等，这些工作 IP 不一定擅长，就算擅长，也没那么多时间和精力。IP 无法独自应对所有的事，因此需要助理来分担。帮 IP 省时间是助理的基本工作，就算不能一个人全包了，在这方面也得有所作为。

比如 IP 运营小红书账号，写完内容后，助理就需要负责排版、做封面、发布这些后续的事；IP 做社群、训练营、私董会，助理就需要负责接待用户、维护氛围、回复一些基础的问题。

这些工作 IP 自己能做，可如果他们把时间和精力都花在这里，投入产出比就不高。IP 需要把大部分时间放在输出高质量的内容上，这样才能吸引更多用户关注，扩大自己的影响力，然后实现更好的转化和变现。要是助理能把这些琐碎的事情都揽过来，帮 IP 省出时间和精力，那对 IP 来说，就是实实在在地创造价值了。

帮 IP 省时间是基础，助力 IP 搞业务才是关键。

（2）搞业务：助理晋升的关键

曾有个粉丝近百万的职场领域 IP，让我给他推荐助理。他提了一大堆要求，可唯独没提及运营方面的要求。有时候，IP 不一定非常清楚自己真正想要的是什么，可我作为一步步从助理走过来的人，心里清楚，IP 一旦有了流量和影响力，就渴望能把流量高效变现。如果只靠他自己，想要做好"社群运营、引流、转化、交付"这一长串事情，一定又忙又累，做完这些就没时间去做内容创作了。

于是，我问他："您是不是希望有人帮忙干运营方面的工作？"

他回答说："太需要了。如果有人能把我的社群运营好，我就愿意把他往合伙人的方向培养。"

如果你是这位 IP 的助理，机会就来了。你可以把他创作的内容精心包装成课程，帮他运营社群，帮他接商务合作、品牌广告、定制化合作，策划各种业务活动，甚至能帮他开直播、做分享、讲课，给他带来更多收益。这样一来，你就很可能实现从助理到合伙人的跃升。

可以说，IP 助理工作中的每一步都是成长的机会。接下来，我们来看看 IP 助理具体需要做哪些工作。

2.IP 助理的具体工作内容

不同的 IP，对助理的具体要求会不太一样，总体来说，主要有下面这 4 项工作。

（1）内容编辑：产出优质内容的好帮手

IP 的职业特性使然，其主要工作就是内容输出，所以找素材、编辑、排版、剪辑这些辅助性的工作，就需要助理来帮忙。而且因为大部分 IP 对助理的内容创作能力是有要求的，所以助理最好能做出比较优质的内容。如果没有原创能力，至少要会收集素材、编辑、剪辑内容。

看到这里有些人可能会着急：这些工作我都不会，怎么办？就算现在不会也别慌，现在从零开始学也来得及；或者你有其他方面的本事，可以接着看看下一项工作内容。

(2) 运营营销：助力流量变现的大引擎

运营营销，即"运营"和"营销"。

在运营方面，分为私域运营和公域运营两部分。

助理负责管理 IP 个人或者助理的微信号，制订私域运营的计划，开展私域引流，经营 IP 的微信朋友圈社群、训练营、私董会等。社群运营工作包含的内容比较多，助理要负责运营 IP 的公众号、视频号、小红书号等，辅助 IP 完成分发、引流、转化等一系列运营动作。

我以前做助理时，曾帮 IP 在知识星球 App 上运营年度社群，每周挑出优质帖子、删掉不好的帖子，跟用户热热闹闹地互动，制作排行榜，组织一些小活动。线上运营的工作门槛低、灵活性强，可以从兼职入手。如果 IP 有线下课程，那么线下运营工作更锻炼人。助理要辅助 IP 组织和策划线下活动或课程，准备基本物料、接待学员、维护现场秩序……

在营销方面，助理要配合 IP 或者自主策划线上及线下能促进销售和推广的活动，比如年度演讲、新品发布会等。营销工作直接指向赚钱，许多 IP 都希望能招到一个既擅长运营，又擅长营销的助理——既能组建或者管理社群、运营社群，又能策划线下课程、组织营销活动。如果你擅长运营与营销，就有机会在 IP 身边创造更大价值。

(3) 商务合作：拓展商业版图的重要纽带

商务合作主要包括商业项目洽谈、广告合作、约稿沟通、出版合作等。对于那些商业项目特别多的 IP 来说，助理的沟通能力、社交能力就显得尤为重要，这类 IP 希望助理说话得体、有分寸，熟悉基本的职场和商务礼仪，对各种突发事件能随机应变。

明星助理或者经纪人在处理各种商务事务时，要八面玲珑。IP 助理也要做到沟通有高情商，办事有分寸感。

(4) 个人事务：全方位的贴心辅助角色

这项工作需要助理协助处理 IP 的个人事务，有点像明星助理的工作。它要求助理把姿态放低，遇到一些不常见的工作需求时能及时顶上，能吃苦，能受累。

当 IP 要参加线下活动，或者发朋友圈缺素材时，你能给 IP 拍出美美的照片，编辑好图片素材。或者，IP 外出讲课想要预约和布置场地时，你需要跟工作人员沟通。我每次外出演讲，助理都会帮忙准备 PPT、接待学员、安排下午茶，最后提醒大家及时离场，给我留出休息的空间。所以，你最好会拍照、会剪辑、能做 PPT、有不错的沟通能力和应变能力。

除了工作上的个人事务，还有一些更琐碎的小事，有时也需要助理来完成。有次，公众号"小声比比"的创始人梓泉在参加活动途中不慎遗失了身份证，因为要赶时间参加活动，找身份证的重任就交给了助理小曲。小曲只用了 8 分钟，就通过 3 个电话找回了身份证，梓泉对此大为赞赏，认为小曲细致靠谱、解决问题的能力强。

IP 助理的工作看似琐碎，实则是通往 IP 合伙人之路的重要跳板。助理不仅是执行者，更是梦想的助推者。只要你善于捕捉 IP 的核心需求，不断提升自己的能力，就能在这个充满机会的赛道上脱颖而出。如果你也想成为 IP 背后的"关键人物"，不妨从现在开始，勇敢迈出第一步。

第四节
AI 时代，如何让自己更有竞争力

当下的时代，AI 已然彰显惊人的强大力量，让全球职场人陷入焦虑。高盛预测，3 亿个全职岗位可能被 AI 取代；麦肯锡更是直言，未来 50% 的工作将面临淘汰风险。面对这种局势，许多人担心被 AI 取代，也有人因使用 AI 而担忧工资降低。然而，在这场变革中，IP 助理这一岗位却展现出独特的价值，成为职场中的"隐藏富矿"。

1.AI 时代，什么工作不容易被淘汰

AI 的强大替代能力，主要集中在"重复性高、技能单一"的领域。例如，文字整理、翻译、设计、客服等工作。AI 的崛起不仅

带来了挑战，也创造了巨大的机遇。它增强了人类的能力，激发了创造力，提升了生产效率。

在 AI 还没普及的时候，助理完成搜索素材、整理文稿、取标题、写文案、润色文章等工作，需要花费大量的时间，如今则可以借助 AI 提升效率。比如原本取一个标题要绞尽脑汁想半天，现在就可以用 AI 一秒生成多个爆款标题，从各个角度激发你的创意。

正如一句广为流传的话："AI 不是替代人类，而是增强人类。"在重复性、标准化的工作领域，我们可以使用 AI 代为完成低效工作。而那些需要综合技能、情感交互和灵活应变的工作，依然是人类的专属舞台，需要人工完成。

IP 助理正是这样的角色，不仅需要具备写作、拍摄、剪辑、推广等多项技能，还需要陪伴 IP 处理事务、沟通合作、提供情感支持。对技能综合性要求高、灵活性强、强调情感价值的工作，AI 短期内难以取代。

在 AI 时代，真正的竞争力不是与机器比拼效率，而是创造机器无法替代的价值。

2.AI 时代，看懂 IP 助理的巨大价值

在这个充满不确定性的时代，唯有拥抱变化、持续进化，才能立于不败之地。IP 助理这个新兴岗位，背后潜藏着巨大价值。

（1）获得职场收益：近水楼台先得月

我有一位前同事，在加入某教育集团后，本想大展拳脚，却因业务限制举步维艰。直播卖课屡屡受挫，他的业绩很难达标。更糟糕的是，集团战略重点转向直播带货，他的工作逐渐被边缘化。反观另一位朋友，成为知识 IP 的助理后，不仅参与了多场百万场观直播的策划工作，还借助 IP 的资源结识了许多行业人士。如今这位朋友已成为 IP 合伙人，年收入近百万元。

因为 IP 手头上很多重要的事务都需要交到助理手里，所以如果助理干得好、有成绩，其价值就容易被看到。助理偶尔工作出了问题，IP 也能及时地指出来。有人引导和自己摸索，在成长速度上，前者像坐飞机，后者则像步行，快慢差别很大。

不仅如此，跟在 IP 身边的助理，看起来职位不高，实际上掌握着 IP 的各种关键信息，通常会被 IP 视为"心腹"，能得到充分

的信任和优待。由于各种机会触手可及，助理一般比其他普通员工发展得更好。助理常常需要上传下达、协调沟通工作，在这个过程中不知不觉就积累起了管理经验。就像古代帝王身边的重臣，虽然不常显山露水，但实则身处权力的核心，掌握着重要的资源和一定的决策权。

（2）获得做 IP 的经验：与巨人并肩同行

那么，在 IP 身边工作，到底可以积累哪些经验？

以粥老师为例，从最初公众号不到 20 万粉丝，一路做到 100 多万粉丝，这里面有许多窍门。他特别会借势，首先是借热点的势，又快又准，一篇阅读量高达千万次的爆款文章就能让他涨粉 17 万；其次是借平台的势，他曾在插座学院做内容副总裁，借助平台的力量推广课程，售出了几万份，一下子就打响了知名度，也积累了第一批忠实的粉丝。

除了做爆款文章，我们还一起打造了 8 门爆款课程，从怎么选题、怎么包装，到怎么设计课程大纲、怎么讲授课程内容，这一套流程下来，各种经验就都学到手了。参与 IP 打造爆款课程的全过程，比上多少节 "IP 课程制作课" 都有效。

我自己开发的那些课，像《30天社群运营实战课》《21天IP助理训练营》《IP销售闭门课》，都得到了不错的反馈。而这些都是跟随粥老师学到的本事。所以，如果以后你想自己做IP，跟着那些已经成功的IP学，能少走好多弯路。

（3）获得流量、背书：巧借东风，提升势能

如果你还是没什么名气的"小透明"，要是想快速地在大众面前崭露头角，借势是个绝妙的办法。

比如通过与IP合作，你不仅能快速积累行业影响力，还能借助IP的信任背书，赢得用户的青睐。例如，闪光少女创始人斯斯曾在我的课程上线时，主动在股东群中推荐，并邀请我为她的团队做内部培训。这种信任迁移，远比广告投放更有效。

这与品牌请明星代言是一个道理。有人给品牌站台，大众的信任度立刻就上去了。要是没有这层背书，就算我们再有本事，别人也不知道，谁会来关注一个"外行人"呢？

而作为IP助理，你跟着IP的时间长了，流量和背书自然就有了，之后发展起来就像"开了外挂"，比一般人快得多。可以说，流

量与背书是 IP 助理的天然红利。

（4）获得资源、前景：稳扎稳打的未来投资

如果你自己的月收入已经非常不错，能达到六位数，那你身边接触的人大概率也是年薪百万元的水平。但是对于行业里那些资产过亿元的商业大咖，你可能还是接触不多，这就是圈层问题。

如果你能跟随 IP 一起工作，人际圈层往往会突破自己的资源圈。不管作为合伙人还是当 IP 助理，很多社交场合你都会跟着 IP 一起去，人际圈一下就会扩大好多。我跟粥老师一起工作时，他会把大部分商务合作、与其他 IP 沟通的工作交给我。这样一来，我很快就接触到了更多理想资源。

你可能会问，这些人际关系资源有什么用？这是在为自己的未来积攒能量。

创业以后我才发现，不知不觉中积累下来很多人际关系资源，即使已经离职，还是会为我带来各种各样的合作机会。有人请我去开发课程、当合伙人，有人请我去讲课、给企业做内部培训。邀请我的人中，有一些我印象不深，大部分与我并不熟识，就因为

我曾是 IP 合伙人，他们就愿意相信我，并且给出可观的报酬。

所以说，跟着 IP 获取资源，就是在给自己的未来投资，而且是实实在在的投资。

（5）获得成长：近朱者赤，潜移默化

IP 有那么大的影响力，一定有他们的过人之处。我跟着粥老师工作时，被他的努力和认真深深地影响。我们刚开始创业时，条件比较有限，没有租自己的办公室，他就天天在咖啡馆里待着，一坐就是 10 小时。为了写文章，他能几乎一整天不吃饭，实在饿了就随便吃点对付一下。大冷天去看电影，他发现热点，打开笔记本电脑就写文章。电影都散场了，他还一个人在那儿写到凌晨 1 点。

而且，他对自己要求极高，写的每一个字都会认真斟酌。以前我自己写文章时，总是觉得差不多就行，可跟随他工作以后，也开始耐着性子精心打磨，文章临发布时，标题的每一个字都要再仔细推敲一遍。运营社群时，一套话术也会改十几遍，甚至二十几遍。

IP 不仅在自己专业领域的认知和学识远超大部分人，信念和耐力也出类拔萃。

畅销书《能断金刚：超凡的经营智慧》的作者麦克·罗奇格西，学习古老哲学智慧 25 年。麦克·罗奇格西有一位合伙人，叫陈唐，他跟着麦克·罗奇格西，从小助理做到首席翻译，背书、头衔、智慧和财富全都有了。外人看着可能觉得他运气好，一下子就得到了难得的机会，可实际上他踏踏实实地干了十几年才有了这一切。

陈唐说，从麦克·罗奇格西身上，他学到了坚持和耐心，他一直在用学到的东西默默地修炼自己。

所以说，跟着优秀的 IP，会受到潜移默化的影响，你就会在不知不觉中变得越来越优秀。这种成长的价值，不是花钱能买到的。

3. 打破限制：地域、年龄不是问题

可能有些朋友对做 IP 助理依旧有顾虑，比如担心自己要照顾孩子、住在小城市、年纪也不小了等。这些真的没必要担心，现在互联网非常发达，很多 IP 都能接受兼职或者异地全职的工作方

式。工作上的事，通过线上协作就能完成得很好，微信电话、视频会议都很方便。如果有些工作必须线下完成，可以坐火车或飞机过去。

所以，地域根本就不是问题，年龄更不是问题，大多数情况下，IP招助理都没有严格的年龄限制。有的IP喜欢年轻人身上的那股冲劲和活力，有的则偏爱成熟稳重、有家庭经验的，像家庭教育、留学规划、心理疗愈这些领域，有生活阅历的人反而更有优势。

坦白讲，我快跨过30岁门槛时，曾有过年龄焦虑，心里暗自怀疑自己老了，人到中年很难有更好的前途，但现在我反而坦然了，38岁，我的事业才刚刚开启。

一个人的认知，比年龄和容貌重要得多。罗永浩50岁的时候还在创业，仍然认为自己还年轻。只要你想开始，任何时候都不晚；只要有勇气去尝试，有决心去做，地域限制、年龄限制都能被打破。

4. 打开事业格局：为创业筑牢根基

做IP助理或者合伙人，其实是在给你的创业之路打基础。

我自己就是个活生生的例子——在小城市生活，还带着两个孩子，要跑去大城市打工不太现实。好在跟着 IP 创业，积累了不少资源和经验。比如有 IP 想做小红书训练营，仅仅通过一个电话沟通，就直接付费与我合作了。要是没有在 IP 身边工作过，没有知名度和信任度，谁会轻易相信我？

别人从过往的职业履历就能了解我们的经历和能力，建立信任的基础，更愿意与我们合作。所以说，在 IP 身边好好干，做出成绩来，之后创业可以更顺利，轻松打开事业新格局。

科技发展的浪潮不可逆转，在 AI 时代，真正的赢家并非与机器赛跑的人，而是懂得借力 AI、发挥人类独特优势的智者。IP 助理，能借助 AI 提升效率，拥有 AI 无可替代的竞争优势，这是助力职场人实现跃迁的黄金赛道。

chapter **2**

IP理想的助理特质
与岗位独特性

第一节
传统岗位与 IP 助理：5 点核心差异

在上一章中，我们探讨了成为 IP 助理的潜在回报与收益。然而，任何收获都离不开付出。在这一章中，我们将从 IP 的需求出发，深入分析 IP 助理与传统岗位的核心差异，以及 IP 助理需要重点提升哪些技能，培养哪些品质。

1.IP 希望助理对内容有敏锐的把控力

IP 的性质决定了其本人或团队必须具备优秀的内容创作能力，这样才能吸引人们关注，提升影响力。所以，身为 IP 助理，如果内容创作能力弱，工作将处处受阻。比如朋友圈文案撰写、视频脚本创作、活动流程规划等，都需要助理具备相应的能力。

内容创作能力是 IP 助理的入场券，逻辑清晰是站稳脚跟的基石。以文稿整理工作为例，每次安排不同助理来做，结果总是大相径庭。有的助理整理得清晰流畅、简洁规整；有的助理却连课程结构框架都弄错，使文稿混乱不堪。而整理文稿，只是最基础的文字工作。

如果助理文字基础弱、缺乏逻辑，将难以胜任助理岗位。想成为优秀的 IP 助理，务必狠下功夫修炼文字基本功。我建议，不妨从整理文稿、编辑朋友圈文案起步，这些任务相对来讲难度较低，还可以借助 AI 提效。等掌握了基础的表达逻辑，再逐步提升难度，尝试写视频脚本、原创长文章等。

2.IP 要求助理善于为自己节省时间

除了对内容的把控，IP 对助理的另一大核心需求是时间管理。在 IP 的忙碌日程中，助理要能将 IP 从琐碎工作中解放出来，释放更多时间。

独立创业后，我对 IP 的忙碌有了更深刻的切身体会。一次，我需要在一天内进行闭门课演讲、参加发售会议并且写一篇原创文章。助理不仅帮我整理了演讲稿，还优化了会议日程，确保每一分钟都被高效利用。如果没有助理的辅助，我根本无法应对如此高强度的工作。

随着 IP 影响力的攀升和资源的累积，IP 必须把时间用在关键之处，即那些具有高价值、无可替代的事务上。比如我在和 IP 沟通业务时，哪怕我的助理能力出众，IP 也一定倾向于直接与我交流。还有 IP 的个人咨询业务，更加无人可以代替，需要 IP 本人完成交付。此外，对于线下演讲，即便稿子已经准备妥当，也不可能让助理或者 AI 代劳，IP 必须亲自上阵。

时间是 IP 最稀缺的资源，而助理的使命，就是用自己的工作"替换"IP 的时间，相当于为 IP 创造更多的时间。所以，你负责的事情，不能还得让 IP 花时间去检查、提醒或者督促；提交的表格不能有计算错误，不能遗漏重要事项。你要每天做好工作计划，按时、保质地完成工作。优秀的助理不仅能完成自己手头的工作，还要帮助 IP 安排好各种事项并做到及时提醒。

3.IP 需要与助理建立更为紧密的个人关系

在传统行业里，员工完成规定的工作即可。而在 IP 行业，IP 与助理的关系远比传统行业中的上下级关系更为紧密。

IP 助理辅助 IP 完成内容创作，帮忙处理各类繁杂事务，这些需要助理深入了解 IP、理解 IP 的思路，双方才能更好地协作。比如 IP 写了一篇原创文章，助理稍后负责排版工作，还要仔细检查是否有错别字、措辞是否恰当等；IP 拍摄了一条视频，助理要承担剪辑任务，处理好口误、卡顿以及那些不太雅观的画面，比如翻白眼之类的情况；IP 出席一场活动，助理更要全程陪伴、悉心服务，维护 IP 的精力，避免 IP 过度劳累。

在工作过程中，IP 助理必然需要与 IP 保持高频次的沟通和密切的接触。助理在工作、观点以及生活上，都要和 IP 保持高度同频。所以，你选择跟随 IP 之初，要选择自己真心认可和喜欢的 IP，否则很难做到任劳任怨，工作开展起来就容易陷入被动局面。

为什么众多 IP 更倾向于在自己的用户群里选择助理，而不是去招募平台招人？核心原因就在这里。

我曾尝试过各种各样的招聘途径，在各大招聘平台、网络渠道都下过功夫，筛选过几百份简历，也面试通过了不少人，可实际工作中的配合效果却不尽如人意。几乎每次合作都像一场"职场整顿"，我被现实狠狠打脸和教训。

究其原因，从外部招聘来的员工，大多数只是想来赚份工资，并非真心认同 IP，并没有长久跟随的意愿。放在传统行业里，这无可厚非。放在 IP 行业里，如果一个人对 IP 缺乏了解，对业务也一知半解，就很难迅速适应环境并与团队协同作战。虽说彼此可以慢慢磨合，但 IP 本人没有足够的时间和精力。

所以，我自己的三位助理，无一例外都是从学员或者社群里挑选出来的。她们对我本人很信任，对业务相对了解，一起配合我工作时更加顺利高效。同理，IP 朋友们喜欢找我帮忙推荐助理人选，这样就能更快、更多、更好地了解对方，减少彼此磨合的成本，降低出错的概率。

如果你有心成为 IP 助理，建议你加入心仪 IP 的社群，成为 IP 的用户，或者请人帮忙推荐。有了背书和推荐，获得机会的可能性就会大大增加。

除了选助理时倾向于熟悉的人，提拔员工时，IP 同样优先考虑"自己人"。我有位学员原本是普通员工，经常独自研究公司的账号到深夜，这股认真劲儿被老板发现后，老板决定把她带在身边做助理，手把手带她做直播业务。三年后，她帮助老板把公司的直播业绩从 0 元做到了 11 亿元。

更大的机会来了。老板需要"二把手"来负责公司的私域，选来选去，最放心的还是她。因为她作为助理，从基础岗位一步步走上来，陪着老板见证了公司的很多重要时刻，各方面能力得到了足够的锻炼。更重要的是，她懂老板的初心和雄心，是老板非常信任的人。

4.IP 需要助理情绪稳定、抗压力强

不管是从传统行业的老板转型的创始人 IP，还是靠内容起家的 IP，工作都是既忙碌又琐碎的：一方面要精心打造内容，另一方面还要打磨产品（这里的产品既包括虚拟的知识产品，也涵盖实物商品）。这就要求 IP 既做到内心感情细腻丰富且敏锐，又具备理性的商业思维。在这两种模式之间反复切换，对 IP 本人的情绪管理等能力要求极高。

此外，用户往往对 IP 寄予了更高的期望，有着更高的要求，IP 需要不断地去满足各种期待，需要随时被成千上万双眼睛审视，因此整个人常常处于高速运转状态。这样的工作性质导致 IP 自身的情绪难免会被消耗。而且，有时被大众误解、质疑时，IP 也必须承受压力，做好解释和善后工作。

IP 几乎不能说错一句话，也不能做错一件事，其承受的情绪压力相当大。所以，在 IP 的世界里，情绪稳定不是一种选择，而是一种必备的生存技能。助理必须情绪稳定，才能良好应对 IP 的各种需求，辅助 IP 处理好跟用户的关系。

比如，如果 IP 有粉丝群，助理就需要做好服务工作；如果 IP 要运营社交账号，助理就需要回复用户留言；如果 IP 的产品出现售后问题，助理就要安抚好用户的情绪。我曾目睹不少大 IP，因为社群服务让用户不满意，助理又应对不当，结果引发了蝴蝶效应，导致大批用户退款，甚至 IP 口碑崩塌，损失惨重。

助理不仅是 IP 的左膀右臂，更是 IP 在工作中的情绪避风港。如果 IP 情绪焦躁、压力爆棚，你要能够敏锐地察觉，并及时提供情绪上的支持，安抚他、鼓励他，帮助他平复心情、保持能量。如果你懂得为 IP 提供价值，那么必然会为自己赢得显著加分。

图 2-1 提供了 IP 助理情绪稳定 5 级自测标准，我们可以来对照看看。

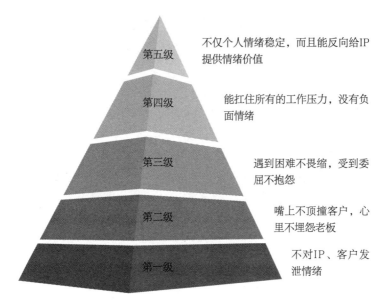

第五级　不仅个人情绪稳定，而且能反向给IP提供情绪价值

第四级　能扛住所有的工作压力，没有负面情绪

第三级　遇到困难不畏缩，受到委屈不抱怨

第二级　嘴上不顶撞客户，心里不埋怨老板

第一级　不对IP、客户发泄情绪

图 2-1　IP 助理情绪稳定 5 级自测

第一级，不对 IP、客户发泄情绪。这是最基础的一级，IP 助理要能克制自己，不在工作中随意发泄情绪。

第二级，嘴上不顶撞客户，心里不埋怨老板。这一级要求 IP 助理在面对客户和老板时都能保持较好的态度。

第三级，遇到困难不畏缩，受了委屈不抱怨。在工作中难免会遇到各种困难和委屈，这一级要求 IP 助理能积极面对。

第四级，能扛住所有的工作压力，没有负面情绪。这一级对助理的抗压能力要求较高，要求 IP 助理在巨大压力下依然保持情绪稳定。

第五级，不仅个人情绪稳定，而且能反向给 IP 提供情绪价值。这是最高的一级，IP 助理不仅自己情绪稳定，最好还能给 IP 带来积极的情绪影响。

你可以自我审视一下，看看个人的情绪稳定性、抗压能力如何？

5.IP 希望助理适应时间较长且不可控的工作节奏

有位学员成为 IP 助理后，很委屈地来问：如何跟 IP 沟通，才能避免自己加班？

我听后，不禁深吸一口气。实话实说，在 IP 助理的工作字典里，压根就没有"加班"这个词，连"下班"的概念都很模糊，因为 IP 的工作性质需要助理随时响应各种需求。

这并不是说不让 IP 助理休息，而是说没有特别明确且固定的上下班时间点。助理工作的灵活性相对比较高，自己能掌控的时间比较多，大部分时候能自主安排，可以随时休息，但 IP 助理不能像传统岗位那样准点打卡下班。

可以说高要求、高投入、高强度、高灵活性是助理的工作特性。IP 助理不仅是执行者，更是 IP 的合作伙伴。这个过程中，你不仅需要提升专业技能，还需要提升时间管理与情绪管理能力。如果你选择做 IP 助理，且愿意付出努力，那么你将在这条路上收获成长与高回报。

第二节
不同阶段 IP 对助理的不同要求

在创业初期，IP 一个人往往就是一个团队。从内容创作到账号运营，从产品设计到用户服务，IP 需要独自扛起所有工作。但随着粉丝量的增长，工作量在增加，复杂度在提高，IP 的团队需求也在不断变化。

那么，在不同发展阶段，IP 对助理的要求有哪些不同？助理又该如何适应这些变化？接下来，我们将深入探讨这些问题。

1. IP 发展的三个阶段大起底

(1) IP1.0 阶段：起步时的"孤胆英雄"阶段

这个阶段的 IP，就像单枪匹马闯江湖的"孤胆英雄"。从绞尽脑汁做内容，到费神费力搞剪辑，再到苦心经营账号，一整套流程走下来，累得够呛。引流量、造产品、提转化、保交付、留用户——这一整套流程，常常让 IP 一个人忙得晕头转向。刚忙完内容创作，发现没精力去好好琢磨产品；好不容易有了产品，还得为销量发愁；产品好不容易卖出去了，后续服务又不能掉链子。

业务慢慢有起色之后，IP 就会越发力不从心，这时就特别渴望能有个帮手来替自己分担一些工作，让自己能缓一缓。一开始，IP 可能找兼职人员来处理点零碎杂活，比如整理文字稿、剪视频、做海报、管理微信号，就已足够。等到业务相对稳定一些，一般营收达到百万元级别（至少 50 万元）后，IP 十有八九就得找一位全职助理。这样，IP 就能把更多的任务交出去，自己也能专心去搞核心业务，不至于忙得像个陀螺。

有位知识赛道的 IP，他的助理不仅负责整理文字稿和剪辑视频，还主动优化了社群运营流程，将用户留存率提升了 20%。这位助理的"全能表现",让 IP 能够专注于内容创作,助力 IP 的业务实现快速增长。

在这个阶段,助理是 IP 的"万能胶"。但随着 IP 进入 2.0 阶段,团队逐渐成形,助理的角色也需要随之升级。

(2)IP2.0 阶段:成长中的"团队作战"阶段

如果 IP 发展势头迅猛,大步流星地往前走,年营收突破了 500 万元,甚至已经超过千万元,这时光靠一位助理肯定玩不转。IP 需要马上组建一个小团队,大家齐心协力、分工明确,才能满足日益增长的业务需求。

而且,这个阶段的 IP 也有足够的收益养活由几个人组成的小团队了。通常来说,能达到千万元营收的 IP,其团队规模控制在 5~10 人比较合适,这样人力投入和产出能达到比较好的平衡,获得不错的人效比。

举个 5 人小团队的例子,一般会有 1 名拍摄剪辑师负责后期制作;1 名运营专员负责交付环节,保证用户能顺利得到产品或服务;1 名商务人员对接各种商务活动,拓展业务渠道;1 名行政人员兼管公司财务和杂事，做好后勤保障；还有 1 名助理，主要负责辅助 IP 的日常内容产出和账号运营，比如发布内容、管理助理号、用助理号发朋友圈等。

除了全职人员，IP 团队有时候也会通过招聘兼职人员或者寻求外包合作，来完成一些不常需要的额外工作，比如，在偶尔有设计需求的时候找外包公司，比请全职设计师划算得多。

（3）IP3.0 阶段：成熟后的"大船远航"阶段

等到 IP 成为超级头部大 IP 的阶段，也就是 IP3.0 阶段，团队发展已经相当成熟，组织结构也基本完善了。这时候，团队里通常已经有合伙人、"二把手""三把手"等核心人物，每个业务板块也都有专门的负责人。

在这个阶段，助理的工作更多的是辅助 IP 完成内容创作工作以及一些个人事务。比如，IP 创作内容时，助理帮忙搜集资料，提供一点创意灵感；IP 准备新作品时，助理广泛搜集行业动态、热门话题供 IP 参考。一些知名的大 IP，助理会跟着他们到处参加活动，提前为其安排好行程、住宿、餐饮等，在活动现场协助处理各种突发状况。

助理能得到更多能力锻炼的机会，接触到更多资源。不过，这个阶段想从助理岗晋升就难了，要做到合伙人的位置不容易。

2. 如何在不同阶段配合好 IP 团队的工作

（1）IP1.0 阶段：做个贴心多面手

在 1.0 阶段，助理要有"指哪儿打哪儿"的觉悟。讲讲我做助理的经历吧。当时 IP 做公众号，要求我对文案进行排版、运营评论区、热热闹闹地与粉丝互动；IP 搞年度社群，我得想办法维护社群氛围，组织些有趣的社群互动活动；账号要接广告，我得去和商家谈合作，进行商务沟通等。

这个阶段的 IP，需要的助理最好是"全能选手"——不要求精通所有技能，但最好什么都会一点儿。因为 1.0 阶段的 IP 营收有限，用于请助理的预算也不高，可能只够请一两个人，因而期待找相对全能的助理。此时的助理要能接受干各种杂活。

1.0 阶段的助理，是 IP 的"万能胶"，哪里需要就粘哪里。这听起来是不是挺累人的？确实不容易，但这也有好处。

一方面，1.0 阶段的 IP 对助理的要求没那么苛刻，不是不想找更有经验的人才，而是受自身条件限制，能吸引到的人才有限，能给的回报也不高，所以选择范围比大 IP 小多了。如果你是新手助理，想跟着大 IP 可能难度比较大，不妨考虑一下尚处于起步阶段，但发展势头不错的 IP。

另一方面，如果 IP 发展得越来越好，而你是陪着他从零开始打拼的伙伴，一路辅助他从无到有、从小 IP 到大 IP，那么你就更容易得到丰厚的奖赏——合伙人的位置、业务分红、股权等。

所有的奖励都是对过去付出的认可，你曾经的努力，总会在某个时候得到回报。

（2）IP2.0 阶段：变身专项小能手

到了 IP2.0 阶段，团队已经比较成熟了，各项工作都有专人负责。这时候，助理不用像 1.0 阶段那样所有事都自己扛，要做的杂活相对来说会少一些。但是，IP 对每个人的专项业务能力的要求会提高，对助理的技能要求也水涨船高。

比如，你辅助 IP 做内容，就不能只是简单地收集整理素材，而是要写出高质量的原创文字；不能只是帮着 IP 做视频剪辑，而是要独立负责运营账号，把账号流量做起来；也不能只写个群公告、只维护社群氛围，而是要自主组织、搭建团队去负责整个项目。

2.0 阶段的助理，是 IP 的"专项引擎"，既要执行到位，也要协调团队。而且，除了辅助 IP 的内容创作工作和个人事务，助理很可能还需要在 IP 和其他员工之间搭起沟通的桥梁，协助 IP 管理好团队。这个阶段，IP 对助理的要求是双重的：既是能把任务执行到位的执行者，也是能协调团队的组织管理者。

比如，对于这个阶段的电商品牌 IP，其助理除了开展日常内容运营工作，还会参与到选品会中，为 IP 提供产品卖点素材，协助运营专员处理用户对产品的咨询与售后反馈；在 IP 洽谈商务合作时，助理要帮忙准备资料、记录要点、提供策略等。可以说，对内对外，IP 助理在团队协作中起到了多方面的连接作用。

如果你能顺利从执行者过渡到管理者，能够帮 IP 扛起某一类业务，那就很有机会成为部门负责人，乃至合伙人。

（3）IP3.0 阶段：借势成长谋长远

到了 IP 成为超级头部大 IP 的 3.0 阶段，团队发展已经相当成熟，组织结构也更完善。就像前面说的，这时候想晋升合伙人比较难，你需要做两手准备。

跟在超级头部 IP 身边，能学到的东西太多了。无论你以后换工作、自己创业做 IP，还是做其他业务，这些经验都能派上用场。你可以学习他们如何塑造个人品牌，如何进行团队管理，如何搞营销推广，如何开展商务合作，等等。

3.0 阶段的助理，是 IP 的"影子学习者"，借势成长比晋升更重要。在这个过程中，助理能得到的资源和背书也相当厉害。

不过，跟着 3.0 阶段的 IP，有一些要注意的地方。第一，如果能在这个岗位上坚持 2~3 年，并且在这个过程中和 IP 建立起良好的信任关系，你就有机会谋求升职加薪，到时候成长和收益都会翻倍。第二，即使在团队内部确实晋升无望，最好也不要轻易离职。在超级头部 IP 身边这样的生态位上，你要学会充分利用机会，努力让自己成长，多掌握一些信息、资源、人脉，为下一份事业打好基础，为自己的未来赢得更大的选择权，让职业道路走得更顺、更稳、更远。

在 IP 的成长旅程中，助理的角色从"万能胶"到"专项引擎"，再到"影子学习者"，每一步都是挑战与机遇并存。IP 的成长之路对于助理而言，既是挑战的叠加，也是机遇的累积。

无论你处于哪个阶段，只要找准定位、全力以赴，陪伴 IP 的绽放之路也能变成你自己的蜕变之旅。

第三节
最受 IP 重用的助理有哪些必备特质

经常有 IP 助理问我："助理的哪些特质最重要？"

我的回答很简单：做事靠谱、情绪稳定、成长意愿强，最好还有不错的沟通协作能力。对于这一点，有过用人经验的 IP 深有同感。那么，这些特质具体如何体现，又该如何培养？接下来，我将为你一一揭晓。

1. 做事靠谱、执行力强——价值保障

先说做事靠谱，它包含专业能力与做事态度两个关键维度。

虽然 IP 助理的工作繁杂多样，但 IP 招聘时往往有特定倾向，可能侧重于助理的剪辑、拍摄、公众号文章撰写或社群管理等技能。因此，助理必须在 IP 关注的关键领域展现出专业能力，做到极致。

如果 IP 期望助理辅助内容创作，但助理撰写的文案质量低、视频脚本逻辑混乱，那么助理向上晋升将困难重重。同理，如果 IP 期望助理管理社群，但助理对运营社群一窍不通，运营流程混乱、话术不精，也难以获得 IP 的倚重。所以，助理在专业能力上不能让 IP 失望，要成为 IP 可信赖的依靠。

从做事态度来讲，助理的工作必须形成闭环，做到事前确认、事中反馈、事后汇报。遇到困难任务时，如果暂时因为能力有限而难以推进，那么助理要及时反馈进展，帮助 IP 了解状况。助理要做到不推诿、不隐瞒，并争取积极提供解决方案。

再说执行力强，包含浅层执行力与深层执行力。

浅层执行力体现为坚定执行，即在 IP 安排任务后，助理要立即明确工作内容与节点，并迅速将其落地实施。"听话照做"是对执行力的基础要求。

深层执行力则聚焦于"达成目标",而非机械执行。当原方案难以实现目标时,助理应灵活调整以确保结果,但在做出改动前,务必向 IP 申请确认。如果 IP 不同意调整方案,仍需按照原方案执行。

IP 助理能做到做事靠谱、执行力强,就已经超过了大多数人。但想成为 IP 心尖上的助理,情绪稳定无疑是重要加分项。

2. 情绪稳定能扛事——合作韧性

IP 通常个性鲜明,且需持续为受众输出内容与提供情绪价值,因此难以额外为助理提供情绪支持。IP 希望助理具备稳定的情绪,能够与之进行简单直接的沟通,避免在与其交流时还要小心翼翼地斟酌措辞,从而影响工作效率与节奏。

一位年薪百万元的高管朋友说:"高管的高薪,在很大程度上是对其情绪稳定能力的认可。"

同理,作为 IP 助理需要情绪稳定、内心强大,才能扛住各种压力。分享一个真实案例:一位 IP 助理,工作能力出色,薪资待遇优厚,与团队相处融洽,IP 本人也对她颇为重视。然而,工作三年后，她却选择裸辞，原因是难以承受工作中的情绪压力，疲于处理人际关系，最终感到心力交瘁。反观这个团队的另一位助理，虽然能力稍逊，但情绪稳定、抗压能力强，最终成为 IP 合伙人。

在职场中，助理不仅要承受作为老板的 IP 带来的压力，还可能面临同事或客户的不配合、挑剔和责难。比如 IP 的学员不满意课程交付，助理就需要解释并与之沟通，安抚好对方情绪。

我们可以把工作看成一种"修行"，把职场当成锻炼身心的"游乐场"，培养自己的"大心脏"，提升自己的抗压能力。

如果说做事靠谱是 IP 助理的基石，那么情绪稳定就是其护城河，而成长意愿则是其向上的阶梯。

3. 成长意愿和学习能力

有人可能会问：如果没有做助理的工作经验，是不是就没有机会？

我自己是从零开始做助理的，并不介意起用新人，很多 IP 也能接受新手助理。关键在于，助理是否有强烈的自我成长意愿，是否善于学习。互联网时代变化迅速，强烈的求知欲和出色的学习能力才是第一生产力。

有个粉丝 200 万的微博"大 V"，看好小红书崛起的机会，想开设新账号，他的助理就第一时间去研究平台的规则，做出适合平台调性的内容。然而，要梳理的数据和文稿量实在太大，靠传统人工去筛选，要耗费大量时间和精力。这个机灵的助理马上想到了 AI，在 AI 工具的加持下，他们能更快梳理出爆款选题，快速产出文稿。

某知名主播的助理，原本只是一位怀揣"美妆梦"的普通女孩，机缘巧合进入直播行业做助理。刚开始她备感压力，为了跟上节奏，她开启疯狂学习模式，一有空就背产品成分、功效，学直播话术，还观察主播的互动技巧。有次口红专场，她提前做足准备，熟知色号、品牌故事，直播时对答如流，与主播配合默契，让销量创下新高。

这两个例子中的助理，并非一开始就精通、擅长 IP 助理工作，正因为他们敢于打破舒适圈，愿意学习新领域的知识，才练就了一身"硬本事"。

4. 沟通与团队协作能力

随着 IP 影响力的扩大，IP 的身边聚集了越来越多不同性格和背景的人，包括 IP、团队成员、粉丝、合作伙伴等。作为助理，要能够理解他人的需求与感受，建立良好的人际关系网络。

我有位学员擅长写作和剪辑，被大 IP 看重，被邀请去做助理。她认为自己能力出众，且受到 IP 认可，对老员工说话时经常用命令的语气。老员工们背地吐槽她"把自己当成老板"，工作上都不愿意配合她，最严重的时候甚至有人跟老板说"我和她不能共存"，倒逼 IP 二选一，导致 IP 非常为难。

由此可见，即使得到 IP 认可，在与团队成员合作时，也要尊重他人的意见与建议，相互支持、协作共进。

团队协作能力强，能帮助你更快融入团队，明确角色与职责，与其他成员配合完成任务目标。例如，在策划一场大型的线下活动时，你要与活动策划、执行、宣传等不同岗位的团队成员协同工作，根据各自的专长分工合作，确保活动的顺利举办，实现团队整体效益的最大化。

在 IP 助理的成长路径中，做事靠谱、执行力强、情绪稳定能扛事、成长意愿和学习能力强、沟通协作能力强是助其成功的重要特质。它们不仅是 IP 选择助理的标准，更是助理从执行者迈向合伙人的关键。在这个充满挑战的职场中，不断强化这些特质，你就能在 IP 生态中站稳脚跟，实现快速的职业成长与长期发展。

第四节
搞定内外协作：
1 个人如何撬动 10 倍资源

当成为 IP 助理后，你会发现很多工作都需要其他同事配合，比如 IP 要上架一门课程，需要沟通设计师及时做好设计图；IP 做线下活动，需要调动团队配合与维护；IP 发售社群，需要调动全职、兼职运营人员辅助完成。

可自己仅仅是一名"小助理"，同事不听你的怎么办？你可能心里也会想："我不是他们的领导，如何调动他们？"

"欲戴王冠，必承其重。"如果你能充分调动团队，辅助 IP 做好团队管理工作，那么就有机会晋升。即使暂时做不了 IP 合伙人，如果同事能积极配合你完成工作，工作效率和体验也都会提升。

1. 内部合作：齐心协力，其利断金

在 IP 团队里，助理是 IP 最重要的辅助者，要清楚成员分工、协作流程；要建立高效沟通机制，定期开团队会，及时解决问题；要营造和谐氛围，增进团队成员感情，提升团队战斗力。

需要调动团队内部成员时，IP 助理应该如何做？分享给你 3 招。

（1）做好工作前馈，获得 IP 授权

想要获得同事支持，助理要学会"拉大旗"，借助 IP 的势能来调动同事。在接到工作任务之后，先跟 IP 做充分的沟通和确认，既避免做无用功，也方便申请资源。比如你需要举办一场大型线下活动，但独木难支，怎么办？

我们可以对 IP 说："好的，工作任务我了解了，大家的体验非常重要。这次线下活动到会人员较多，我会提前做好充分准备。为了保证效果，需要大家一起协助，音频、视频需要负责剪辑的同

事配合，现场 PPT 制作需要 ×××，会场维护需要 2~3 人，我认为 ×××、××× 比较合适。你觉得呢？”

如果 IP 说方案可行，那么等于拿到了“尚方宝剑”，指挥和调动起来名正言顺，工作推进大概率顺利得多。

（2）明确工作要求，减少沟通成本

得到了 IP 授予的“尚方宝剑”，是否可以颐指气使呢？如果这么做，同事慑于 IP 的压力，表面上不得不配合，背地里却可能消极应对，交付的工作质量不高，甚至导致最后完不成工作。如果想要对方更好地配合，我们要学会主动减少沟通路径，减少可能给对方造成的困扰。

我曾与一位兼职设计师合作，他非常喜欢跟我配合工作，因为我态度温和，而且每次的设计需求都写得非常清晰。我问他：“你们公司不是如此吗？”

设计师回答我说：“不是。”公司里年轻的同事，会直接发微信给他说：“你要做几个图，赶紧的。”同事没有说明图需要用在什么场景、需要什么样的风格，发过来的设计文案有一句没一句，需要他自己整理。而且，有的同事工作日不提交设计需求，到了周末突然丢工作给他，要得又非常着急，态度还不好。出于职业道德，设计师不得不临时加班完成，但内心十分抗拒，时间长了配合度就不高。有的设计师甚至会假装没看见需求，拖到工作日再来完成，那很可能会耽误项目进度。

所以，在沟通工作时，要懂得从对方的角度出发，讲清楚自己的需求，最好将详细说明做成文档。比如写清设计需求，注明用途、尺寸、需要的时间、文案、图片参考风格，用 Word 和 PDF 两个版本发给对方。Word 方便复制文字，但电脑系统不同可能会导致其格式错乱；PDF 能固定好内容格式，保证不变形。

从写清需求到导出 PDF 只需要几分钟时间，但能让对方更准确地接收信息，大幅度减少合作过程中反复沟通的时间。

(3) 维护良好关系，便于持续配合

有位 IP 助理刚入职公司半年，就跟合伙人、人力资源经理及其他同事都发生过摩擦或争执。这样的情况让团队很难与他配合工作，最后他不得不离职。在 IP 团队工作，除了要跟 IP 建立好关系，维护跟同事的关系也很重要。如何维护好跟同事的关系？

首先，切忌吐槽 IP、发泄情绪。有的人可能会疑惑：跟同事维护好关系，为什么不能吐槽 IP？

IP 是 IP 团队的核心，可以说是大家共同利益的创造者。如果你吐槽 IP，等于破坏这个共同体，而且如果这些负面情绪传回 IP 耳中，你将很难立足。不维护 IP，大家就会揣测你跟 IP 的关系不紧密，预测你难以久留，自然也不会听一个不被重用的助理的调动。这就是真实的职场。

假如你对 IP 有负面情绪，千万不要在公司内部发泄，这会破坏你与 IP 之间的情感纽带。可以找合适的调解方式，比如直接跟 IP 沟通或请教有丰富职场经验的前辈等。

其次，创造良好的配合体验。举个例子：联系设计师作图，如果出图效果不好，尽量避免使用负面评价。不要直接吐槽"审美不行、作图不行"，而是先给予肯定，再给出调整意见："出图很快，大概的意思对了，但跟我们想要的效果还有点偏差，你看 1、2、3 这样调整会不会更好？试试看？"

偶尔需要设计师反复修改，我个人会给他发红包。虽然设计是他的工作职责，但反复修改容易引发他不耐烦的情绪，这时候如果给他来一杯"秋天的奶茶",提升他的工作体验,他出图的效率会更高,何乐而不为?

偶尔需要同事周末加班,我也会给他们发"下午茶"红包、"宵夜"红包。如果对方工作配合度高,更要不吝赞美,比如组织线下活动时,有同事分担了很多准备物料的工作,可以对他说:"辛苦了,幸好有你,你真的让我轻松很多,让我很安心。"

不管是 IP 助理还是合伙人,在日常工作中,都要学会为团队创造好的工作体验,减少配合过程中的情绪成本,提升工作配合度。这看起来是对别人的单方面付出,实则是在构建良好的职场环境。往大了说,这是在优化你周围的生存空间,好的能量和情绪最终会"回流"到你身上,受益的还是你自己。

最后,舍得共享工作成果。要想在职场获得更好的结果、更高的位置,少不了团队的配合。如果你独揽大功,容易引起同事的不满,进而失去人心。有人可能会担心:把功劳让给了别人,自己该怎么体现价值?

分享一个案例:有位 IP 给品牌做社群带货,让有经验的运营同事负责。这位同事认为其他人不懂品牌,更不懂带货,所以全程只给别人安排简单的执行工作。最后产出的业绩，她认为全靠自己，要求独揽销售奖金。不仅如此，她还多次吐槽其他同事能力不行。大家忍无可忍，跟她大吵一架。之后她做社群带货时其他人都不配合，她一个人难以带动售卖氛围，导致发售业绩大幅下降。她不好意思待下去，没多久就自己离职了。

然后，IP 的助理接手了发售项目。这位助理非常聪明，一开始就跟团队坦诚地说："我愿意把更多的奖励分给大家，希望我们能够一起把业绩做好。"在这个过程中，助理多次鼓励和赞美积极配合的同事，把业绩提升到了之前的几倍，逐步得到团队的信任和拥戴。实际上，IP 赏识她懂得顾全大局，最后给她的奖励并不少，甚至比之前的运营同事更多。

"日久见人心。""得人心者得天下。"如果每次派给你的工作，IP 都能收到高质量的交付，明眼人都能看出这是你努力的结果，也是你能力的体现。所以，分享工作成果，不仅不会让你失去功劳，还能让你赢得团队的支持、IP 的信任。

2. 外部联盟：广结善缘，合作共赢

IP 助理要当"外交使者"，拓展外部资源。和同行 IP 办联合活动，

像朋友互助，共享粉丝和影响力；和品牌方深度合作，像商业联姻，创造多元价值；和媒体平台搞好关系，像建桥，拓宽传播渠道。靠外部联盟为 IP 注入动力，像借风驶船，助力 IP 走向更广阔的天地。

有一次，IP 让我去跟某畅销书作者的助理沟通，申请将 100 本书免费赠送给我们训练营的学员或者知识星球的星友。对方最初答应了，但是提出了一个交换条件——让 IP 帮忙发一篇公众号软文。IP 没答应，他给我的回答只有"不发"两个字，但让我接着去谈。

对方表示："你们不发文，我们就不赠书了，改成给一些电子购书优惠券吧。"在工作中，这样的场景很常见，如果是你，会如何去沟通让对方同意赠书呢？

我用这个真实的商务沟通案例，来讲解商务沟通中要注意的 3 点。

（1）商务沟通要言简意赅

做商务沟通的人，每天都会收到大量信息，如果我们讲不到重点、来来回回地拉扯浪费时间，那么对方自然不愿意合作。所以，商务沟通需要言简意赅，避免过分啰唆和寒暄，应该开门见山地表明立场。

我的第一句话是："非常感谢，送券的建议很赞，我们一直很敬仰某某老师，如果能得到 100 本书就最好了。"

（2）从对方的角度出发，说明利益点

在这次商务沟通中，对方要求 IP 帮忙在公众号发文章，被我们拒绝了，因此我需要给出一个对方可接受的替代方案，给对方一个同意的理由。这时候就需要思考，对方期待得到什么结果？我想到一条替代方案：公众号不能发文，但我们的年度社群里可以发。

我的第二句话是："因为我们有一个 8000 人的知识星球，成员都是优质的付费用户，如果赠书给他们，能起到很好的推广作用，更能获得好感和认同。他们读完书之后，还可以帮忙写书评，进行二次传播。"

（3）多用肯定表达，尤其忌讳直接否定

商务沟通中一定要谨慎使用"否定句"，"不行""不好""不可以"这样的否定表达，很容易引起对方的抵触和对抗情绪。我想强调一点：被拒绝不是一件让人舒服的事，所以在拒绝他人的方

案时，尽可能使用一种正向的表达方式，比如你的建议很值得思考，你的角度很棒。

我的第三句话是："过去我们拿自己的书在知识星球赠送，反馈非常好，得到了很多好评。大家如果能获赠某某老师的书，那是莫大荣幸，一定也会疯狂'打 call'。"

不否定对方的感受和观点，给予对方充分的认同感，顺着对方的话继续讲，更容易得到对方肯定的答案。最后对方答应赠送 100本新书。

总之，对内，IP 助理要让团队成员像齿轮一样紧密咬合，严格按流程推进工作，保持高频且有效的沟通，劲往一处使；对外，IP助理得精准找到能优势互补的合作伙伴，实现互利共赢。

对 IP 助理而言，掌握这些协作技巧，就等于为 IP 与同事架起了信息畅通的高速通道。从新手助理到 IP 离不开的得力助手，不仅薪资会水涨船高，自身价值也能得到充分彰显。愿你能吃透这些要点，稳扎稳打向前进，职业道路越走越顺，钱包越来越鼓，收获成就与幸福。

chapter 3

第三章

多个任务并行，
如何快速搞定

第一节
学会"算账",小事做出大价值的心法

在职场中行走,无论你处于什么岗位,都免不了有一些琐碎的事。有的人能快速完成,有的人能让杂务也有大价值,但有的人却把大部分的时间消耗在"打杂"里。而职场成长的本质,是懂得用时间兑换价值。

1. 学会判断,打杂工作不恋战

如果问你"是不是喜欢打杂",你大概率会否认说:"谁喜欢打杂,要干就干大事。"但实际工作中,很多人"沉迷于打杂""喜欢打杂"。我知道,会有人反驳说:"怎么会有人喜欢打杂?"

有位助理，常常"沉迷"于整理文字稿，每天加班到很晚，周末也不休息。结果重要的工作没时间做，不断拖延。其实，整理稿子的工作，可以找兼职人员辅助完成，但助理坚持要自己整理。这是因为相比其他工作，整理稿子不需要动脑子。而且，这类脑力输出强度不高的工作，做起来会给人带来一种爽感，会让人产生一种"我完成了一篇文章"的错觉，从而获得成就感。

我并不是说整理稿子完全不会让你成长，而是当重复劳动令你分泌多巴胺从而产生快感时，你要警惕正在形成的成长陷阱。你是否思考过，无效的努力可能正在悄悄降低你的职场竞争力？

所以，我们要会判断哪些工作只是重复劳动，哪些工作看起来像"打杂"，却能锻炼你的能力。真正的职场高手，懂得把事务性劳动转化为认知性资产。

举个例子：粥老师刚刚进入新媒体行业时，只是月薪5000元的"打杂"小编，每天主要负责统计公司各个平台文章的阅读量、点赞、转化数据等。这项工作，能锻炼一个人做表格的能力和数据思维，但提升空间很小。

当繁杂数据挤占成长时间时，粥老师做了一个明智的抉择——把数据统计拆解为"基础操作"和"增值研究"。尽量压缩时间快速完成数据统计，然后挤出更多时间来分析爆款基因，尝试自己写爆款文章。这种"打杂分割术"让他两个月内产出了首篇阅读量超过 10 万的文章。他不仅赚到了公司的稿费，而且因为擅长写爆款文章在业内火了，被插座学院高薪聘请做内容副总裁。后来他独立创业，靠着写爆款文章快速涨粉，打造了拥有强大影响力的内容平台。

学会识别"杂务"的价值，只是成长的第一步。有些看似琐碎的工作，实则是在为你镀金。

2. 如何借助"打杂"快速成长

含金量极高的"打杂"工作，需要你拥有一双"慧眼"才能看到。我带团队做训练营时，需要运营和维护社群，经常在社群里与用户互动。运营同事认为："这些都是'打杂'的活，没有价值。"

在我看来，这样的杂务正是修炼真本事的好工具。我反问他："如果让你做运营官，甚至成为合伙人独立操盘整个项目，你认为有没有价值和意义？"

他回答："当然有意义，但我目前能力不足，没办法独当一面。"

我说："那么运营社群就是学习和实操的好机会，比如你活跃社群时，可以思考活跃社群的目的有哪些？活跃社群的方法有哪些？不同的方法效果如何？不断去测试、去验证。另外，一个人维护和管理社群很累，那么如何调动社群成员帮助你一起维护，有哪些方法，等等，这些都很值得研究和学习。"

"我从来没想过维护社群还有这些价值。"他恍然大悟，原来每次互动都是对需求的洞察，每次活动组织都是对策略的勘探。

还有一位辅助 IP 运营公众号的助理认为："我的工作没有意义，每天就是在网上挑选文章，然后排版、配图发布。"

我说："如果认为做编辑不过就是排版，这才是真的浪费时间。"

编辑工作，我连续做过 200 多天，后来因为做训练营忙不过来而暂停，但辅助 IP 编辑公众号内容的那段时间，我个人的认知和见识都有所提升。为了挑选出一篇文章，我每天要阅读 10 ~ 20 篇文章，阅读量相当于半本书；我还会进一步精读数据优秀的内容，排版的时候再一字一句地琢磨。在这个过程中，我了解了从未接触过的领域，看到了很多有意思的观点，学习了各种思维方式。

我对那位编辑说："做编辑工作，相当于花钱请你来阅读优质内容，一定要珍惜这样的工作机会，'狠狠'成长。"

另外，每次发文之后，我需要观察和记录阅读量、转载量等数据。经过大半年的训练，我看文章变得快、狠、准。这也是为什么我负责运营写作训练营，带助教老师点评作业时，给学员的修改意见都非常精准。

所以，看起来价值不高的工作，切换一个视角，你或许就能挖掘出潜在的"金矿"。与此同时，请警惕一些让你乐此不疲、自我感觉良好、实际意义不大的事。比如有的助理，一边学习做社群运营，一边每天花大量时间读文学作品，还期待自己能够升职加薪。

阅读文学作品是一种对外扩展，并非不可，只是跟主线任务的相关性很小。为什么很多人看了很多书，听了很多课，成长进步却不大？原因就在于，所学的技能落不到实处，得不到真正的锻炼和精进。

从工作技能来说，想要快速成长，需要更加聚焦。在本职工作还未能胜任的情况下，把精力和时间放在自身业务上，才能产出价值。明白"成长就在此处，不在别处""做一行爱一行，爱一行精一行"，进步才会更快。

3. 如何快速搞定"打杂"工作

我刚做助理时，手头常常有很多琐碎的杂务，每天工作到很晚，有时甚至凌晨一两点才睡觉。随着工作项目越来越多，加班时间越来越长。我意识到这不能成为常态，因此不断总结经验，找到了一套快速完成杂务的方法。

（1）根据状态列出精准的工作计划表

每个人在不同时间段的工作状态不同。一天 24 小时，每小时的工作效率是不一样的，千万不要把时间平均来用。我不是平均安排，也不是简单地从上到下排序，而是把重要工作优先排进状态最优的时间段。

比如早上 10：00—12：00、下午 4：00—6：00 是我一天中状态最好的时间段，我就安排自己做写文章、写宣传文案、做方案这类需要思考、耗能比较高的工作。其他时间状态相对较差，我用来完成不太费脑的工作，比如社群互动、商务沟通、做表格、回信息等。

观察自己每天的高效时段，根据状态安排工作，你会发现效率得到了大幅度提升。时间管理的本质不是排列组合，而是能量投资。

另外，制作工作计划表时不要只是简单地罗列，还要细化每项工作所需要的时间。比如我的工作计划会精确到每小时，这样能优化对时间颗粒度的掌控，无形中倒逼自己提升工作效率。比如一项工作原本需要两小时，如果没有严格规定时间，没有计划和时间卡点，我们就会不自觉地拖延，导致效率变低。而如果有意识地估算每项工作所需的时间，尽可能卡时间完成工作，工作效率将大幅度提升。

（2）梳理出一套工作方法

对于重复性比较高的工作，建议梳理一套工作方法、话术、运营手册等，同样有助于提升效率。

例如，我负责公众号运营，每天需要向原账号申请开白名单，获得转载权限之后才能发布文章。很多爆款文章分属不同账号，一个个申请沟通下来，工作量之大可想而知。

有的人申请开白名单，会先问对方同不同意，对方同意后，再说自己的账号是什么、要申请哪篇；然后对方会提出要按要求转载，他又答应……沟通的环节很多，效率比较低。

为了提效，我提前编辑了一套非常完整的话术，想好了对方可能会问我的问题，一次性讲清楚，沟通环节就变得非常少了。

而且，每次申请转载时，我都会同时申请多篇文章的转载权。万一重点申请的文章没有及时开白名单，我可以立马换一篇容易开白名单的文章，而不需要火急火燎地再次去申请。如果对方编辑回复比较慢，我的工作时间就会被拉长，耗时耗力。而同时申请5篇，总有两三篇能开白名单，保证一定有文章可以用。此外，提前准备好多篇文章的排版，让我能够弹性工作，留出时间好好应对生活中出现的小插曲，比如孩子生病、幼儿园有活动等。

工作这几年，我整理了大量文件包，包括各种标准作业程序（SOP）、各种话术、各种流程、各种运营手册等。需要用的时候，我能很快找到它们。所以，标准化不是扼杀创造力，而是给思维安装加速器。

（3）尽量避免时间被切割得过于碎片化

有人会推荐使用番茄钟，我认为它并不适合 IP 助理使用。我们工作中的信息干扰源特别多，要尽可能保持时间的完整性，避免"信息匕首"过度切割我们的时间。

IP 助理的工作内容本身比较琐碎，一天有八九件事，而且可能要管理多个工作手机，回复多个微信号信息。我们正在集中精力做事时，如果因为被信息打断而分神，就需要重新进入状态，这个过程本身就影响效率。

神经科学显示，大脑进入深度工作状态需要 20~30 分钟的预热，每次打断将产生 15~20 分钟的认知残留。这意味着碎片化工作者每天可能损失数小时有效工作时长。

我刚做运营的半年，还要管理团队和开展一些商务合作，根本没有办法好好吃饭和睡觉，基本上出门逛街都带着笔记本电脑。有一天，我背了一个小包出去逛街，没有带笔记本电脑，心里就特别慌。那一刻，我忽然意识到事情不对，人不能半夜也在工作，周末也在工作。

伍尔夫说："每个人都要有一间自己的房间。"我深以为然。一个相对安静的环境，能够让我们避免被打扰；保证一段完整的工作时间，有助于我们进入心流状态。

有读者可能会担心：持续工作2~3小时，因此错过信息怎么办？

不用担心。实际上，很多工作信息会在此过程中打断你。而且持续工作几小时，人体自然会感到疲惫，你的身体会提示你。

有很多新手同事，喜欢一边拿手机操作，一边吃饭，一顿饭吃了快一个小时，结果饭没吃好，人很疲惫，效率也很低。我经常提醒他们，先专心吃饭，再来集中处理信息，一心一意才会把工作处理得更好。调整工作方法后，他们的效率几乎都大幅度提升。

所以，快速完成工作，并非毫无章法地牺牲生活时间，而是找到适当的方法。不会算账的勤奋，是用健康抵债、拿前途质押。会算账的"打杂"，就是把时间当成本金、把精力当作杠杆，赢得这场用时间兑换价值的战争。

第二节
从"反馈"到"前馈"：
提前预判，灵活应变

很多人习惯接到任务后，立刻回复"好的"，然后埋头苦干，熬夜赶工。一顿操作猛如虎，结果方案交上去却被老板否定，甚至被批评"浪费时间"。为什么我们明明很努力，却总是做无用功？

1. 从工作反馈到前馈，再往前走一步

我们都知道工作反馈很重要，但很多人忽略了"工作前馈"。

那么，什么是工作前馈？它具体包括哪些内容？IP 助理的工作

前馈是指，当接到一项工作任务时，先跟 IP 沟通和确认。在这个过程中，我们至少要确认四点：工作目标、核心路径、优秀标准、截止时间。

举个例子。IP 说："明天需要举办一个社群活动，你今天把话题活动流程做出来。"

在回复"好的，收到"之前，你要先想想，IP 的目标到底是什么？只是需要你写完这个流程，还是希望社群活动起到某种作用？选择什么样的主题来做？以往有无可参考的模板？最迟什么时候提交？如果这些都不太明确，你一定要确认清楚，否则稀里糊涂设计了一个社群活动，结果 IP 一看，完全不是他要的效果，他会对你工作成果很不满意。

在此提供一个工作前馈模板。

收到工作任务时你可以说：

- 好的，收到。
- 我们做这个话题活动是需要活跃社群，还是需要引导续费？（问工作目标）

- 我根据自己的理解，做一个话题主题出来，给你确认之后再写具体的流程可以吗？（问核心路径＋找优秀标准）
- 最迟明天中午 12:00，你看行不行？（确认截止时间）

做完这一步，你可能会发现，之前给出的任务信息比较模糊，所以在确认的过程中，IP 自己会再一次明确目的、厘清思路，给你更充分的细节信息，避免最后偏离目标。就像开车前先规划路线，而不是盲目上路，这样才能避免走冤枉路。

如果接到任务就马上行动，会有什么后果？下面来看一个真实案例。

IP 让助理写一篇卖货推文，目标是推广新产品，还发了几篇参考文案。助理照搬模板，赶出了一篇软文，结果遭到 IP 否定："完全不能用！"接下来，助理反复修改几十遍，IP 依然不满意，还非常生气。

问题出在哪里？助理没有做好工作前馈：既没理解 IP 的核心目标（卖货），也没抓住核心路径（参考文案只是启发，而非模板）。她完全迷失了方向，问我到底怎么办。我发现推文有比较大的逻辑问题，给了她一些修改意见，并且同步给了 IP 本人。

IP 说："文文，你说的就是我想表达的意思，一模一样。"

从助理的视角看：IP 很挑剔、很善变，不知道自己到底要什么。她明明按照对方给的参考模板写，却怎么改都被否决。

从 IP 的视角看：第一，助理没有充分理解目标，核心目标并不是写完软文，而是把产品卖出去；第二，助理没有理解核心路径，参考文案是参考，并不是用来生搬硬套、简单模仿的。

由此可见，IP 和助理之间存在信息错位。所以，得到一项工作后，一定要充分做好工作前馈，一方面确认清楚任务目标，另一方面倒逼 IP 思考周全，给出更清晰有效的工作指令。

如果确认清楚了，IP 还是改来改去，又该怎么办？

在正常的工作节奏里，建议大家按照关键节点反馈工作进度，主动汇报 IP 比较关心的工作节点。如果 IP 善变，需要提高反馈工作进度的频率，除了能让对方放心，还能更好地保持信息同频。如果 IP 对工作有新的思考或安排，这样做能确保助理更快地得到消息，及时调整。

有人可能担心频繁汇报工作会过度打扰老板，怀疑自己是不是太啰唆了。汇报是否频繁，跟 IP 的工作风格有关。有两点判断汇报是否频繁的建议供参考。

第一，IP 是否喜欢询问你的工作进度或细节。

如果 IP 经常查问你的工作进度，这代表他对你的工作能力比较担心，或者希望对工作有更强的掌控感。这时候，非常有必要多反馈、多汇报进度。

第二，IP 是否主动说过你的汇报太频繁。

很多工作，从我们的视角看，我们正在推进，没有问题，快完成了，但从 IP 的视角看，如果我们不汇报，他并不清楚工作进度。

所以，在工作中经常与 IP 同步进度很有必要，这能够减少因彼此信息不透明带来的问题，也方便彼此及时地做出调整。一般来讲，如果 IP 没有主动提醒，说明汇报频率属于能接受的范围，暂时不需要降低频率。毕竟，掌握更多信息和动向，IP 会更有安全感和掌控感。

2. 如何更好地应对 IP 变化的需求

有学员问我："如果 IP 改变了计划，又忘记与我同步，怎么办？"

答案是：提高沟通频率，主动同步进度。如果你能主动汇报工作进展，IP 会更及时地告诉你计划的变化，同时也会清楚你确实在努力推进任务。即使最终没有产出结果，责任也不在你。

希望职场人都能建立一种认知：在职场里拿结果、拿成绩，并不是说一件事一定要做完了，才算拿到结果；付出能够被看见，本身就是一种结果。职场不像学校，每一场考试必须答完题目，才有可能拿到更高的分；很可能这一次没答完的"题"，会让你下次"考试"拿高分变得更为轻松。

有一年，我们计划举办一场线下见面会，我为此准备了大量物料，活动方案也基本敲定。然而，由于不可抗力，IP 临时取消了计划。虽然活动未能如期举行，但我将准备好的物料分类存档，并总结出一套完整的活动流程经验。

第二年，IP 决定重启见面会，凭借之前的经验，我们迅速完成了筹备工作。活动前夕，忽然遇到意外事件，我马上调整活动策略，重新规划了安全路线，并及时安抚参会人员。最终，活动顺利举行，用户满意度极高。

人生没有白走的路，每一步都算数。在职场中，做好工作前馈和灵活应变，不仅能避免无用功，还能让每一次努力都为未来做好铺垫。职场不是考场，未完成的"题目"也可能为你赢得下一次的"高分"。

从今天开始，多做一步：首先，接到任务时，确认目标、路径和标准，避免盲目行动；其次，提高沟通频率，主动汇报进度，确保信息同步；最后，灵活应对变化，即使计划调整，也要让每一点努力都有价值。试着在行动之前多问一句、多想一步，你会发现，职场之路越走越顺。

第三节
SOP 和工作表：多线程任务不断档

作为 IP 助理，我们的核心价值是为 IP 省时间，但面对琐碎繁杂的任务，如何做到游刃有余？多线程任务如何兼顾？时间不够用怎么办？

我想到了埃隆·马斯克，SpaceX 公司的创始人。作为这个世界上最忙碌的男人之一，马斯克同时管理着多家公司、众多业务，还养育了十几个孩子——普通人就算有三头六臂恐怕都忙不过来，马斯克到底是怎么做到的？

他采用了"时间盒子"（Time Boxing）工作法。马斯克将每天的时间切割成众多时长为 5 分钟的时间盒子，在每个盒子时间内只专注于一件事。例如，他可能在 5 分钟内处理完一封邮件，接着用下一个 5 分钟与工程师讨论技术细节。这种极致的时间管理方式，让他能够同时管理多家公司并且养育多个孩子。

相对传统的清单式时间管理法，"时间盒子"的优点是更灵活，使人更能专注于眼前的任务。你可以预估需要执行的每件事项所需的时长，例如，任务一要在 15 分钟内完成，任务二要在 10 分钟内完成……完成任务一之后，可以立刻开始进行下一件最适合进行的任务，而不一定是任务清单上排第二的任务。分心的对立面不是专注，而是牵引力，要找到让你全心投入的目标。

"时间盒子"让我们专注于当下，但面对长期项目和琐碎任务时，如何掌控全局？这时，"长短工作表"和"SOP"就成了不可或缺的工具。本节将分享一套高效的时间管理和任务执行方法，助你轻松应对多线程工作。

1. 如何巧妙利用长短工作表

曾经作为 IP 合伙人，我管理着由数十人组成的团队，运营年营收达千万元的社群项目，每天都要想很多事，工作压力很大，多线任务并行。如果不空出内存，大脑就容易宕机。比如到了凌晨，我忽然想起重要的推广海报没完成，第二天一早就需要发布，但大半夜的找谁去帮忙完成？同时，我负责的事情比较多，长线大项目中还夹杂琐碎小任务，怎么办？

我习惯用"年度工作表"和"周工作表"并行管理任务。

长周期项目使用年度工作表：将与年度目标相关、时间跨度较大的任务放进年度工作表（石墨、飞书均可）。我会每隔 1 到 2 个月做一次长期规划，把未来 3 到 6 个月的大致工作安排、重要事项清楚规划进年度工作表（见表 3-1）。

第一，使用年度工作表能有效避免重要的工作节点彼此产生冲突。有段时间，我要同时运营 2 个写作营、3 个年度社群和体验营、多个 7 天实战营，用长周期表做好规划安排，就能防止运营人员工作时间冲突、IP 直播时间点的冲突、重大节假日与运营关键时间点（如开营、结营）的冲突。

第二，使用年度工作表能够避免遗漏重要但不紧急的工作。有些工作很重要但并不紧急，例如人力资源相关的事情，包括招聘、培训、定期一对一沟通、团队建设、工作流程建设、运营玩法迭代等。如果没有长期规划，这些事情很容易被忽略，而一旦发现问题，后果往往就比较严重了。比如我们五六个人的运营团队，如果平时忽略与员工沟通，可能会出现两三名员工突然一起离职的情况。项目又需要人手推进，这时候局面将会非常棘手。

表 3-1　年度工作表（节选）

月份	周数	周日	周一	周二	周三	周四	周五	周六	备注
一月	第一周		1	2	3	4 实战营 开营	5 高阶营 结营	6	
	第二周	7	8	9	10 21天营 结营	11 实战营 结营	12	13	
	第三周	14	15	16	17	18	19	20	
	第四周	21	22	23	24	25	26	27 特训营 发布 公告	
	第五周	28	29	30	31				

第一行表头下方："2024 年管理大事件规划模板"

如果能利用好年度工作表，把这类重要但不紧急的事完美穿插在工作任务中，工作流程就会像齿轮一样丝滑、紧密地运转起来。

短周期项目使用周工作计划表，将短期目标、时间跨度大约一周的工作任务，写进周工作表（见表3-2）。

表3-2 周工作表（示例）

年　　月

时间	星期日	星期一	星期二	星期三	星期四	星期五	星期六
AM8:00							
AM9:00							
AM10:00							
AM11:00							
PM12:00							
PM1:00							
PM2:00							
PM3:00							
PM4:00							
PM5:00							
PM6:00							
PM7:00							
PM8:00							
PM9:00							
PM10:00							

第一步，每周初步规划一周的工作，特别是可能需要多个工作日完成的重点工作，将其提前标注在一周的工作表里，这样不容易

遗漏。我习惯在周日下午规划下周工作，毕竟周一的会议和琐事一多，就很容易让整周陷入混乱。

第二步，每晚盘点当天工作，梳理出第二天的工作计划，写进工作表。每天按照工作表一件件做，有秩序地推进，完成一件后标记打钩，今日事今日毕，尽可能清零。

面对十几项任务，如何高效处理？以下 3 点提示，助你轻松应对多线并行工作。

第一，时间颗粒度精确化。

据说刘润老师的时间颗粒度很细，时间安排精确到 15 分钟，马斯克的颗粒度更是极限压缩到 5 分钟。我个人的时间颗粒度大约精确到 30 分钟。1 小时内，我给自己安排 1~2 件事，复杂的任务会安排连续的 2~3 小时：一方面避免时间被切割得过于细碎，频繁切换状态，导致很难进入心流状态；另一方面避免同一个任务持续很长时间，长时间高度耗神，人很容易疲惫。

时间颗粒度并非越细越好，建议根据自己的工作习惯来安排适合自己的节奏。

第二，重要工作结合精力管理。

很多关于精力管理的书提到，每个人、每个时段的精力状态并不一样。我选择把高强度、高耗能的工作放在状态最好的时间段完成，比如早上 10:00—12:00、下午 4:00—6:00。这个时段我个人的专注度最高，像写课程、写详情页、做规划等需要专注且耗费脑力的工作，我会集中安排在这个时段做。

每个人的精力状态不同，多留意观察自己每天不同时段的精力状态。用状态最好的时段来处理更复杂的工作，能提升效率，保证完成好重要任务。

第三，及时处理耗时较短的琐碎工作。

很多助理苦恼地说："除了重要工作，每天还有很多杂务、临时信息要处理，怎么办？"

我曾经管理几十个工作群，加上 IP、用户、合作伙伴的私信，每天接收的信息量非常大。最初我很容易陷入各种信息里无法脱身，常常熬到半夜才能勉强完成工作。经过一段时间的总结，我得出了一套好用的工作方法——按时间长度分类处理工作。

5 分钟之内能处理完成的工作，立即处理。比如给 IP 反馈工作、回复员工提问、回答学员疑问等，不多等一秒，马上处理掉，避免堆积和遗忘。整个过程，像在不断给大脑"清内存"，工作一件一件完成，"内存"空间大，大脑运转的速度就快。

对于需要更长时间完成的工作，马上将其补充进工作表，规划合适的时间完成。正常情况下，我大概 30 ~ 60 分钟切换一次工作界面，按照计划表逐步推进工作。预计强度较大、需要较长时间处理的工作，我会同步给同事，让对方在这个时间段不要打断我。

长短任务灵活切换，使你既不必一直盯着屏幕回复信息，也不容易一忙起来就低头几小时，错过需要及时回复的信息。

从今天起，你可以留意和记录自己的状态。如果不到 30 分钟需要看好几次手机，切换工作界面过于频繁，你就得提醒自己刻意保持专注，减少切换次数。如果你经常几小时不看信息，你就得有意识地提高切换的频率，更及时地处理和回复信息。

找到恰当的切换节奏，能让我们轻松愉快地应对信息爆炸的互联网行业工作。

2. 如何使用 SOP 管理项目

什么是 SOP ？ SOP 即标准作业流程，其中 S 代表 Standard，O 代表 Operating，P 代表 Procedure。

为自己负责的项目梳理出一套 SOP，能优化做事逻辑，防止遗漏重要事项，而且能大幅度提升后续的工作效率。如果一个项目，比如体验营的转化项目、线下活动项目、双十一发售项目，有很多环节，我就会为它建立 SOP。一套 SOP 通常可以反复使用，越熟练越省心省力。

同时，我们在实践操作中可以不断总结、优化和完善 SOP。经过一段时间，SOP 更加成熟和完善，有助于大幅度提升效率。

一方面，如果你负责管理团队，那么可以提前把 SOP 同步给同事们，方便大家按步骤执行，彼此配合得更好。即使个别同事遗漏事项，也能很快通过 SOP 检查发现问题，及时补救。

另一方面，由于成长经历、性格、学识和经验不同，每个人做事情的方式和步骤各不相同，对事情规划安排的能力和理解能力也不同，SOP 能在很大程度上避免因理解不同而造成的问题。

比如"提前邀请助教老师"这件事，有人认为开营前3天是"提前"，有人认为开营前一周是"提前"。实际工作中，我发现一周时间不足以与助教老师深度沟通，也来不及对其做上岗前培训，助教的运营工作很可能出问题。所以，我会在SOP里标注："提前15天邀请助教老师"，把"提前"这个词量化，运营同事去执行时就更加清晰。

如何写项目SOP？

SOP听起来复杂，但只要学会简单常用的模板，就足以搞定大部分的运营项目。虽然不同团队、不同业务的细节不同，但我为大家总结了写SOP的底层逻辑，实际应用的时候就能举一反三了。

第一，把事情按照时间逻辑分层。

先把运营主题写出来，相当于写一篇文章，需要有主题；接着往下列框架，分出第一板块、第二板块、第三板块。确定了大方向，后续不至于跑题。写运营项目SOP跟写文章同理，先确定主题，再分大板块，最后再填写细节。

一般来讲，事件分成两个层级。第一个层级规划重要的事件节点和时间板块，第二个层级规划具体的工作内容。我们拿开设助理训练营举例说明。

主题：开设一个助理训练营。

第一个层级：分成开营前、开营中、开营后。不同阶段工作的重点不同，开营前主要是售卖和准备工作，开营中主要是服务学员的运营工作，开营后是项目结算和复盘。

第二个层级：展开各个板块的重要工作，规划开营前的准备工作，包括人员、物料、售卖计划、表格等，将这些均按照时间顺序一一列出，标记负责人、截止时间、完成情况等信息（见表3-3）。

表3-3　助理训练营 SOP 节选

一级事项	所需时间	二级事项	事项备注	负责人	截止时间	完成情况
开营前		确认大致方案			10月6日	
		核心人员挑选、培养，工作基本安排			10月8日	
		直播发售时间规划和沟通			10月15日	
		……				

你还可以在表格右侧增加项目，标注日期，用于监测项目进度。

举个例子。有的工作需要你在 16 日前完成，但实际上需要花费 3 天时间准备，如果 16 日开始做就来不及了，那么做 SOP 时，你可以把前 3 天的格子涂色，用于标记这件事需要提前 3 天准备。等实际执行运营工作时，就不用再刻意记提前准备的时间，按照对应格子的日期去准备即可，"跟着格子走，大事不用愁"。

注意：如果项目需要多个部门协作，建议将工作按照部门划分，使整体的工作流程更清晰，更有利于配合。

第二，养成检查和优化 SOP 的习惯。

SOP 作为一种工作工具，其价值在于帮助我们减轻负担、提升效率。尤其当我们负责的工作越来越多时，SOP 能帮助我们省去记忆重要工作所需的精力。但在带领团队的过程中，我发现新手助理容易忘记查看 SOP，因而错过重要的工作节点。

建议设置提醒闹钟，在每天的固定时间点，提醒自己更新和完成

SOP，一方面自己不容易错漏，另一方面可以提醒团队其他人及时更新工作进度，提升配合度。

SOP 帮助我们梳理工作流程，但计划的完美执行离不开对工作的掌控感和强大的执行力。

3. 如何进一步提升工作掌控感和执行力

很多人会设计完美的工作计划，然而理想和现实之间往往存在巨大的差距，比如工作计划常常无法落地执行。其实，过度理想化的计划不仅很难完成，还会让人产生焦虑情绪，产生强烈的挫败感。时间一长，人就容易彻底放弃，不想做计划，也不想努力。

那么，如何提升对工作的掌控感和执行力？

（1）结合实际能力提前做规划

工作计划完不成，很多时候不在于我们不够自律，而是对自身当下的工作能力缺乏清晰的认知。有一位助理在工作计划里写下："每天写 3 篇学习思考，每篇用时 1 小时。"我问她："你是否评估过这个工作量将带来的压力，有没有实际测算过 1 小时是否可以完成？"

她摇了摇头，这个计划她确实做不到。所以，做计划前要客观评估自己目前的水平，如果 3 小时写一篇文章，就按照 3 小时规划，在做的过程中不断刻意提升速度，争取 2 小时完成，逐步提速到 1.5 小时完成。刻意练习一段时间，你会发现工作的效率有所提升。

如果暂时做不到也不用焦虑，任何能力的积累都需要时间。我最初做 IP 助理时，做一个策划方案大约需要一周，熟练之后 2 天完成，现在只需要一个高度专注的下午。这个变化，并不是花一个月、一年就能实现的。要对自己有耐心，对未来有信心。

那么，当下工作任务量很大、难度高，实际工作时间常常超过预计的时间该怎么办？

（2）预留充足时间，提前做规划

容易出现工作超时的问题，可能是工作经验不够，高估了自己的工作效率；也可能是缺乏对截止日期的认识，做事容易拖延。

为了避免完不成任务，我们要尽可能提前规划工作，比如预计需要第二天提交的东西，尽量提前一天完成。万一 IP 临时派发新任务、要为同事的工作纰漏补漏洞、用户不满意、孩子生病，甚至家里水管爆了、停电，我们都能有一个缓冲的时间。

如果预感工作难度比较大，我会提前开展工作，比如前一晚先完成一部分，这样能减轻畏难情绪和第二天的工作负担。

(3) 养成严格执行计划的好习惯

除了制订合理的计划，我们还需要培养严格执行计划的良好工作习惯。比如，今天要写直播课程，计划好必须在下午 4 点前写完，我就会卡时间去写；如果中午进度还比较缓慢，宁可不吃饭、不午休，我也要确保在下午 4 点前写完。

曾有学员问我："如果遇到不可抗力怎么办？"这是一个好问题。工作中如果真的遇到不可抗力，顺其自然即可。但真正的挑战往往来自我们是否愿意坚持制定战略和执行它。

从"时间盒子"到"SOP"，从"工作表"到"精力管理"，这些工具和方法的核心在于帮助我们建立对工作的掌控感。只要你愿意迈出第一步，合理的计划终将引领你走向更高效的未来。

第四节
"抱走的能力"：
4 步辅助 IP 高效管理团队

为什么有些人总能成为老板的左膀右臂，从助理一路晋升为合伙人？罗辑思维的首席执行官（CEO）脱不花给出了答案："抱走的能力。"罗辑思维创始人罗振宇与另一位联合创始人快刀青衣，常常碰撞出精彩创意，但最终由谁来落实？正是脱不花。她不仅能理解老板的创意，还能将其落地执行，最终实现目标。

"抱走的能力"，正是让每个 IP 助理脱颖而出的关键。有了项目，后续一大堆工作需要有个人能全部"抱走"，切实地将想法转化为现实。阿里巴巴合伙人之一彭蕾也曾表示："我的存在就是要把老板吹过的每一个牛实现。"

IP 助理如果能"抱走"工作，让项目落地，就有机会成为 IP 身边最信任的人，晋升为高管、合伙人。要实现全盘"抱走"，仅靠一人之力远远不够，还需要学会调动团队资源。

那么，IP 助理如何高效辅助 IP 管理团队？我们从目标确认、项目拆解、进度把控和复盘奖惩四个维度，逐一分析。

1. 目标确认：IP 助理的行事准则

许多职场新人认为，只有亲手完成的工作才算自己的功劳。对老板而言，谁执行并不重要，重要的是谁能确保结果。聪明的助理，懂得运用团队的力量，拿到最后的战果。

第一步，要确认目标，精准锚定方向。接到工作任务不要埋头就干，一定要搞清楚目标到底是什么。比如 IP 要做一个年度社群，是想从中挣钱，还是想要组建一个优质圈层？是想从这个圈层里获取更多的人际资源，还是其他收益？IP 安排助理写一篇文章介绍社群会员，是想帮会员增加曝光度，还是想要借此推广社群？是为了吸引更多的会员加入，还是增强社群黏性？

作为 IP 助理，我们是离 IP 最近的人，相比普通员工，与 IP 沟通更方便。所以，要借助自己的优势，更积极主动地跟 IP 充分沟通，弄清其真实意图和核心目标，后续精准传达给团队，帮助团队有的放矢，避免做无用功。

第二步，维护 IP 决策，筑牢团队秩序。我们团队刚成立时，一些新同事不喜欢沟通和汇报，IP 就开会提要求说："希望大家多沟通、多汇报……"话还没讲完，有位新同事说："我这个人就不喜欢沟通，喜欢做完再说，不喜欢中间被问。"

我站出来说："沟通和汇报工作是职场的基本要求，老板有权利了解工作的进度。如果大家彼此都不沟通，团队就没法协作，多沟通能消除彼此的信息差。"职场不是个人秀场，团队协作才是成功的基石。个人的偏好，永远要让位于集体的目标。

一次会议后，IP 布置了新任务，一位运营同事脱口而出："这个决定也太愚昧了吧？"我立刻用眼神制止她，并低声提醒："你冷静一下，想想这话合适吗？"她愣了一下，随即低下头。事后，我找她单独沟通，解释了 IP 决策的背景，她也意识到了自己的冲动。

维护 IP 的权威,不仅是对助理职责的履行,更是提升团队凝聚力的关键。如果一个团队中,人人都可以随意吐槽和质疑领导,没有秩序感、没有敬畏心,团队的向心力和执行力都会大打折扣。有员工吐槽 IP,如果你也跟着起哄,甚至带头反对 IP,那员工也可能会在你看不见的地方否定你,不执行你安排的工作指令。

当团队人员拿不准 IP 心意时,IP 助理要做"定心丸"。遇到团队成员质疑 IP 的决策时,IP 助理就是 IP 的"守护神",要适时地站出来,拥护 IP 的决策,争取大家的支持和理解。像《红楼梦》里,王熙凤身边的第一得力助理平儿,下面的人不敢问、不好问凤姐的事,她能准确领会并给出工作思路和要点;她既能维护凤姐的体面,又能维护好与团队的关系。所以,即使王熙凤要求高、规矩多,平儿也一直应对得当,深受信任。

2.项目拆解:化繁为简,做团队的执行指南

IP 做决策,往往是站在全局的角度考虑的,布置工作通常只给大方向。加上事务繁杂,IP 往往没有时间和精力说明细节和把控执行细节。比如 IP 想要拉一波需求,他可能会说:"你们举办一个'双十一'分销活动吧。"

助理的错误做法是直接复制 IP 的话丢给团队，让团队配合执行。

这样的安排方式可能让人无所适从，因为一项任务往往涉及非常多的环节和执行细节：先做哪一步，再做哪一步？哪些是需要沟通和讨论的？关键环节谁来负责？工作截止时间是什么时候？这时候，需要有人能把比较庞大的工作项目，拆解成可执行的步骤。

助理的正确做法则是拟定项目方案，跟 IP 沟通确认后拆解任务，把复杂的事变成一个个小环节，每个环节确定工作节点和指定负责人。具体步骤如下。

第一步，拟定初步方案，跟 IP 确定关键内容，比如营销玩法、流量渠道、售卖场景、员工奖励等关键内容，为后续工作奠定基础。

第二步，细化方案与分工，做执行 SOP 规划。根据 IP 反馈的修改方案，接着完成执行 SOP，清楚地安排和规划团队的分工、每个人负责的内容、完成的时间节点等。在这里，项目被拆解划分，团队成员领取各自的任务，明确职责和截止日期。

第三步，沟通与风险提示，扫清前行障碍。细化执行步骤后，跟团队充分沟通，明确活动目标和各自负责的内容，强调职责和奖励机制，以及提醒容易犯错的点等。到了这一步，团队成员大概率能清晰地知道自己的任务，提前规避因理解误差造成的无效工作，提高团队协作效率。

3. 进度把控：助力 IP 团队的高效引擎

工作任务拆解、布置好了，下一步就是执行。要想带领团队拿到最后的成果，执行力很重要，执行过程中还要关注几个环节。

(1) 答疑和指导：智慧锦囊随时待命

在实际执行的过程中，有的同事可能会存在一些疑问、遇到一些困难。这时候，如果每个人都去请示 IP 工作细节，会占用 IP 的时间，打乱 IP 的工作节奏。如果助理能解决团队的疑惑，无疑会让 IP 更加信赖自己。遇到自己确实不清楚的事，再统一汇总跟 IP 确认，避免 IP 不断被琐事干扰。

例如，做社群销售转化的过程中，需要用到很多话术，特别是私信追售话术。我会给团队做话术指导，如果有人在执行过程中遇到问题，就给出提示、回应的方法，助力同事完成成交目标。IP助理要解决团队的疑问，确保团队成员在执行过程中不因为困惑而使工作停滞，保障项目顺利推进。

（2）提醒和督促：保障进度的"紧箍咒"

有的同事手里并不是只有一项工作，而是多任务并行，容易遗忘；还有的同事习惯性拖延，不到最后一刻不开始。这些均可能增加工作配合难度，导致项目推进缓慢。比如文案同事忘记提交文案，导致设计师无法做设计图，最后的宣发工作就会延迟。

所以，重要工作需要有人负责提醒和督促，以保证团队成员按时完成任务，把控项目整体进度，避免因个别成员的拖延影响全局。

（3）把控工作结果：品质把关的最后防线

同事们完成工作后，提交上来的内容不一定能直接使用。像我们训练营的话术和流程，特别是一些对外公开宣传的资料，需要严格把关。作为 IP 的贴心助理，要懂得担起责任，确认所有的细节无误，再提交给 IP 做最后的确认，让 IP 省心省力。自己经手的文件、资料至少不能出现低级错误，比如保证时间、二维码、姓名、标题等无错误。

4. 复盘奖惩：帮助团队持续进步

项目结束后，要及时安排总结复盘，合理奖惩，这对团队往后的发展相当重要。

（1）仔细总结和复盘，沉淀经验

每次项目收官，我都会把团队成员聚在一起，进行完整的总结复盘。我们会一起把项目执行的各个环节从头到尾梳理一遍。如果项目的完成质量高，我们就把有用的经验一条一条记下来。以后碰上类似项目，可以参考这些经验，能少走好多弯路。如果项目中出现问题，我们不藏着掖着，一起深挖到底。找到问题根源后，我们马上想办法解决，下次绝不再犯。

最后，我们会把总结出来的东西整理成一套详细的文字资料。这套资料非常有价值，就像团队的"秘密武器"。新成员来了，通过学习资料就能了解团队的工作风格，更快速地上手工作，还能避开那些常见的错处。

（2）公平奖惩，激励团队

团队成员一起做项目，每个人的表现肯定不一样。有的人思维特别灵活，点子多，给项目带来了很大的价值；有的人虽然不爱表达，但默默付出了大量时间和精力，让项目顺顺利利地推进。对于表现好、贡献大的成员，必须给予公平又实在的奖励。这不只是对个人付出的认可，更是让整个团队更有干劲。大家看到好好干真的有回报，往后做项目的时候，就更愿意争着往前冲，一起创造更好的成绩。

有句话说"义不行贾，慈不掌兵"。如果有人给团队造成了损失，或是遗漏工作拖了大家的后腿，该罚就得罚。从管理的角度来说，有奖就有罚，惩罚并不是要为难谁，而是提醒每个人认真对待工作，时刻保持进取。赏罚分明，才能让团队成员保持健康的竞争活力，使执行力一直在线。

作为助理，我们或许还没有权限直接奖罚团队成员，但是我们可以提供一份工作总结，给 IP 一份可行的奖惩参考方案。假以时日，IP 就会看到我们的管理能力，更加倚重我们。

从目标确认到项目拆解，从进度把控到复盘奖惩，IP 助理的角色贯穿始终。"抱走的能力"，不仅是执行力，更是领导力。未来，愿每位 IP 助理都能凭借这些能力，与 IP 并肩站在更高的舞台，开拓属于自己的新天地。

案例：IP 直播时突发负面舆情

任务：5 分钟内拟定三级应对策略（即时控评→话术库调
　　　用→危机公关预案）

参考答案模板

1. 实时监测：用提词器软件抓取关键词，标记高危账号。

2. 话术应对：

   - 粉丝："产品有问题！"→"感谢反馈！请私信订单
     号，专属客服一对一解决。"

   - 粉丝："剧本造假！"→"已记录，法务团队跟进中，
     感谢监督！"

3. 后台动作：同步联系公关团队准备声明，建议 IP 下播
   后录制 30 秒安抚视频。

chapter

4

第四章

成为 IP 心尖上的助理

第一节
忠诚是入场券，
"抬价"和"卖出"能力则是通行证

当某位用户运营主管在直播间说出"我愿为 IP 全力以赴"时，她的年薪已突破七位数。这不是励志"鸡汤"，而是 IP 时代职场博弈的真实写照。在 IP 行业，什么样的助理最受 IP 重用？如何才能实现个人成长与 IP 发展的双赢？

1. 忠诚：稳定 IP 与 IP 助理关系的"定海神针"

由于互联网行业发展迅速，IP 自身的热度可能如昙花一现。因此，或许有人会质疑，在当今这个充满不确定性的时代，是否还有必要强调助理对一位 IP 的"忠诚"？

曾经有一位教育 IP，私域用户数量达到 20 万，其助理辅助管理几十个微信号。该助理离职前，悄悄给用户分别发私信，引导用户重新添加微信导流，甚至拿走了公司一部管理核心用户的工作手机。IP 非常痛心，不仅损失核心用户信息，而且感情被严重伤害。因为该助理带着这些资源，转头就跟另一位教育 IP 合作。这个教训，展现了 IP 助理最致命的职业红线。

因此，IP 助理必须努力成为值得 IP 信赖的"自己人"。IP 助理与 IP 的关系，只有建立在忠诚、信任与紧密配合的基础之上，才能长久。道理很简单，如果察觉到助理不认同自己、心有旁骛，甚至随时可能离职，IP 必然难以放心将重要的工作托付于他们。

需要说明的是，忠诚不是"愚忠"，而是通过展示专业能力与自身的可靠性，搭建起"信任护城河"。

那么，怎样做才能让 IP 感受到你的忠诚？

（1）全方位支持 IP

许多 IP 倾向于从自己的粉丝、学员或会员中选拔助理。因为那些愿意为 IP 付费，并用实际行动表示支持的人，对于 IP 来说"安全系数"更高；同时，这类人往往认同 IP 的价值观或产品，后续磨合的成本相对较低。

如果你想成为 IP 助理，可以从关注 IP 的社交媒体账号、购买其课程和社群产品等开始，借此进入 IP 的圈层。平时多给 IP 发布的优质内容点赞、评论，主动揽些杂务，也能让你有机会秀出自己的本事：假如你擅长剪辑，就分享剪辑技巧；假如你 PPT 做得好，就帮忙优化文档；假如你组织活动有一手，就积极参与相关活动。

成为 IP 助理后，你也要懂得多发掘 IP 的闪光点，带动粉丝群体。当 IP 发布了新文章、出版了新书，或是开设了新课程、创建了新社群时，你要立刻通过朋友圈、好友群等渠道全力推广。只要持之以恒，IP 定能感受到你的真诚。

（2）换位思考，体贴入微

设身处地为 IP 着想，这体现在工作与日常相处的各个方面。

在工作上，IP 有时会面临高强度的工作，比如需要赶制新课程。此时，助理可以主动分担："您最近工作量大，某某方面的工作我可以尝试协助。"而当 IP 遭受指责与质疑时，助理需及时与用户沟通，做好解释与安抚工作，维护 IP 的形象与声誉。

在日常相处中，助理同样需要充分为 IP 考虑。例如：IP 在完成一天的拍摄或访谈后，往往已疲惫不堪，如果此时助理急切地询问其他事务，虽然出于理性，IP 可能会回答，但从情感角度看，助理显得不够体贴。因此，若并非紧急要事，助理应另选合适的时机询问；若事情确实重要且紧急，不妨先表达关心："您辛苦了，我先给您点杯咖啡。"再进入主题："我这边有件重要的事，想和您商量一下……"

（3）心无旁骛，潜心服务

IP 助理在工作过程中会得到很多锻炼，这对日后实现自己的职业抱负很有帮助，甚至能为未来成为 IP 或自主创业打好基础。但在做 IP 助理时，应具备一定的职业操守，不宜三心二意、得陇望蜀。

一个合格的 IP 助理，在工作期间，应心无旁骛，专心做好手头工作，让 IP 感到安心。需要特别提醒的一点是，尽量避免服务多位 IP，因为这样做很有可能因误会而产生信任危机。假如你在朋友圈里既推广一位 IP，又给另一位竞品 IP 打广告，这时，双方都可能觉得你立场模糊、左右摇摆，可能无法对你委以重任。

如果说忠诚是助理与 IP 良好关系的地基，那"抬价"和"卖出"就是浇筑关系大厦的水泥。

2. 学会抬价和卖出，赢得 IP 信任

IP 助理非常加分的两项，就是懂得帮 IP 抬价和卖出。

什么是帮 IP 抬价？即在公开场合大方赞美 IP，突出其优点，引导用户给予支持与肯定，提升其声誉与影响力。

举个例子：两个相声演员一起上台讲段了，需要一个人抖包袱，一个人捧哏，一唱一和，观众听起来更带劲。IP 和 IP 助理，很像这样一对组合：IP 输出内容，助理帮 IP 放大内容亮点；IP 拍一条短视频，助理帮他提取金句，添加特效，突出情绪对比；IP 参加重要商业活动，助理记录行程，挖掘亮点，并将其发布在社交账号、朋友圈，突出 IP 受欢迎的状态；IP 在社群里做分享，助理不吝赞美，带动用户去支持和肯定他，提升他的影响力。

我遇到过有的助理，不经过筛选和修饰，直接把 IP 在直播中闭眼、歪嘴的截图等发布在公开平台，这些无心之失，其实大大损害了 IP 形象。还有的助理不会塑造 IP 价值，让 IP 显得很"掉价"。

有位助理给朋友推荐 IP 的社群，她采用了一个错误的做法："我有个朋友挺不错的，你可以关注一下。"或许助理跟 IP 的私人关系不错，才使用这样的表达显得关系亲近，但是她没有把 IP 当成自己的老板。在职场中，尤其是 IP 与助理之间，存在"势能差"，即彼此的位置有高低之分。在相处中要注意保持分寸，懂得突出 IP 的价值。那么，怎么说更恰当？

加分的做法是："我老板的账号质量很高，欢迎关注。"

作为 IP 助理，不管是在公开场合还是私下沟通，都要注意维护 IP 的正面形象，帮 IP 塑造价值。

什么是帮助 IP 卖出？就是全方位支持 IP 的商业产品，通过打赏、点赞、转发文章，不遗余力地推广新书、课程、社群等。

帮助 IP 更好地卖出，就是做好营销推广，帮 IP 争取更大的利益空间。IP 写的原创文章，你打赏、点赞、转发，帮他吆喝，把文章分享给更多人；IP 的新书、新课、新产品，你推荐给身边的朋友；IP 的广告投放位，你帮他做好刊例和报价单，推荐给更多品牌方，突出 IP 的优势，拿下推广订单。

当你在朋友圈第五次转发 IP 的新书链接时，这个简单动作其实正在编织一张价值网络。用户的每一次点击，品牌方的每一次合作，都是在帮助 IP 努力卖出，同时也是在为你自己建造未来。

某明星经纪人就非常懂得帮 IP 抬价和卖出，在帮旗下艺人争取国内外资源方面有诸多成功案例。她曾开创"双轨运营法"：一方面，通过精准的媒体投放矩阵，为艺人打造"国民学姐"人设（如知乎专题问答 + 高校巡回演讲）；另一方面，建立粉丝分级运营体系，将普通用户转化为 KOC（Key Opinion Consumer，关键意见消费者），如邀请头部用户在小红书发布体验测评。这种策略使艺人的商务代言报价在 3 年内增长了 300%，同时使得她本人成为行业顶级经纪人之一。

顶级助理的作用与经纪人类似，本质是 IP 价值的"放大器"：既能放大 IP 的传播触点，也具备商业布局视野。IP 和助理这一对组合的背后，暗含 IP 行业隐秘的运行法则——助理在背后助力IP，IP 带团队一起腾飞。

第二节
适应 IP 风格，坚决执行 IP 决策

在职场中，很多人常常陷入这样的困惑："为什么我掏心掏肺，却始终得不到老板的认可？"其实，职场的成功，不仅仅在于你的付出，更在于你能把老板的决策执行到位，而且能做到老板的心坎上。

作为 IP 助理，IP 的认可不仅决定了你的职业走向，更直接影响你能否抓住关键的发展机遇。而不同的 IP 处事风格不同，对助理的判断方式也不同。那么，作为新手助理，你要做的第一步就是要找准 IP 的风格，第二步是更好地执行，这两步有助于你的价值被充分感知，从而赢得 IP 青睐。

1. 搞懂 IP 风格，提升合作默契度

我刚担任助理的前几个月，由于与粥老师身处异地，在沟通时未能做到足够细致，导致出现了几次小失误。我把事情搞砸之后，被粥老师严厉地批评，内心不禁怀疑："是不是要辞退我了？"

但实际上，粥老师压根没考虑过这件事，反而很快提拔我为合伙人。当接触到的 IP 越来越多时，我逐渐察觉到不同 IP 的个性不同，各自的管理风格不同，工作配合的要点也不同。

（1）务实风格

这类 IP 在工作中一心追求效率，行事风格理性果断，他们将工作成果置于首位，对于执行过程中的细枝末节并不十分在意。

与"务实型 IP"一起工作，需要专注于把事情圆满完成。在沟通交流时，保持基本的礼貌和尊重；在表达观点和汇报工作进展时，最好能做到简洁明了、直切要害。比如，你负责一个项目，只要将关键的数据和成果清晰地呈现给 IP 就好，对于执行过程中遇到的一些小波折和麻烦，并不需要汇报。

务实型 IP，普遍关注最终是否达成了目标，因此你要注意尽量避免冗长的铺垫和情感渲染。他们本身不太注重情绪价值的交互，可能不太会夸奖你"做得很棒"，所以避免向他们索取肯定和赞美。

（2）细致温柔风格

这类 IP 对外界的反馈非常敏锐。与他们合作时，既要保持适当的边界感，又要给予贴心的关怀，确保工作氛围舒适可靠。

在汇报工作进展时，不仅要将细节毫无遗漏地呈现出来，还要增加汇报工作进度的频次。同时，表达建议时要温和委婉，留意并照顾到他们的情绪状态，致力于营造一种温馨舒适、安心可靠的工作氛围。比如准备活动策划方案时，我不仅会详细规划活动的流程、预算、人员安排等关键信息，还会特意添加一些温馨小提示，以及备用方案。

这类 IP 对于细节要求较高，不太能容忍模糊和粗糙，在意工作体验，所以需要留心他们的每一个反应和意见，及时调整和完善方案，这样才能得到认可和信任。

你可能会问：如果难以准确判断 IP 的风格怎么办？

关于 IP 沟通和工作的风格，你可以在日常交流中多总结经验，或是请教 IP 身边得力的老同事。如果确实把握不准，与其内心因此充满纠结和困惑，不如选择与 IP 进行坦诚沟通，找合适的时机将疑问和担忧说出来。

请相信，坦诚沟通能减少不确定性引发的焦虑情绪，避免时间和精力的无端损耗。如果确实无法匹配 IP 的个性或工作风格，可以更加积极地寻找适合你跟随的 IP。

值得提醒的是，无论是何种风格的 IP，归根结底还是看你的工作成果。IP 的喜好并非我们行事的唯一标准，而提醒自己养成定期复盘的良好习惯，积极主动地调整工作和沟通方法，能有效提升你与 IP 的适配能力。就像街头充电宝设备，最初大多只适配一种充电口，现在几乎每个充电宝都自带 3 种充电线，适用的手机类型更多，自然更受欢迎，不容易被淘汰。

如果面对不同性格特质和管理风格的 IP，我们都能够得心应手地处理好工作事务，将与 IP 的关系维护得和谐融洽，职业前景必将更为广阔。

2. 坚决执行 IP 决策，筑牢信任基石

在与 IP 们的大量沟通中，我发现 IP 对于助理的执行力格外看重，而能成为 IP 得力助手的人，皆能坚决落实老板的决策。

就像前面提到的阿里巴巴合伙人之一彭蕾所说："我的存在就是要把老板吹过的每一个牛实现，把老板的每一个决定变成正确的决定。"她的这句话精准地揭示了执行决策对助理的重要性。

（1）责任与决策的关系：不轻易评价和质疑 IP 的决策

或许有人会心生疑虑："要是 IP 的决策存在错误该怎么办？"

首先，我们必须明确一点：在工作场景中，IP 助理的首要职责和核心任务就是坚决地执行 IP 的决策，不要轻易对 IP 的决策进行主观评价。这是因为，在一个团队的组织架构体系中，决策权力与责任承担是紧密相连、相互匹配的，谁拥有决策的权力，谁就必然要承担决策所产生的一切后果。而 IP 作为公司的领导者，天然地拥有对公司政策制定与决策的绝对话语权。即便决策最终没能达成预期目标，他也需要承担给团队发工资、维持公司运营等主要责任和压力，作为员工，哪怕处于合伙人的位置，所承担

的风险和损失相对而言也比较有限。

从这个角度来看，IP 在做出每一项决策之前，必定会深思熟虑，因为决策的成败对其自身利益与公司发展有着更为重大的影响。

（2）决策视野的差异：无论如何坚决支持和执行

作为 IP 助理，我们应当相信 IP 所处的位置具有更为广阔和全面的视野。有些决策，从我们所处的位置和角度来看，可能不太合理甚至是错误的，但这并不意味着决策本身存在问题。由于我们所处的位置和视角存在一定的局限性，这往往导致我们无法看到决策背后蕴含的更为宏观和长远的考虑因素。

在职场中，IP 的决策可能看似不合理，但背后往往有更深层的考量。作为助理，IP 的认可是你职业发展的加速器，坚定的执行力才是赢得信任的关键。

无论是适应 IP 的风格，还是坚决执行其决策，本质上都是在用 IP 的视角看问题，用 IP 的思维解决问题。如果能做到这一点，那么你不仅会赢得 IP 的信任，更会在职场上走得更远、更稳。真正的职场高手不是盲目努力，而是懂得如何与决策者同频共振。

第三节
高情商避雷：
千万不能踩的 5 个沟通雷区

很多人认为高情商是天生的，但事实上，高情商沟通是可以通过后天练习实现的。这一节，我将分享关于高情商沟通的认知以及 5 个常见的沟通雷区，帮助你成为职场中的沟通高手。

1. 打破错误沟通认知，提升情商

做社群多年，常常有人夸我"高情商"。说实话，起初听到这个赞美时，我内心充满忐忑。曾经，我顶撞过用户，跟同事在微信群里吵过架，被老板批评"情商低"，被学员起外号叫"文一刀"，指我说话"扎心"。

现在，身边的朋友、同事感受到我变温柔了，我的外号从"文一刀"变成了"文妈"，我还经常被问"如何用柔软话术沟通"。这个过程中到底发生了什么？

我做运营工作时，需要协调很多的事情，比如团队内部的同事、外部的兼职人员，以及各种各样的学员，每年服务上千人。如果对每个人都用很直接强硬的沟通方式，看起来效率高了，但如果有些人不接受这种方式，可能就会发生摩擦和冲突，很多事情就解决不了。我意识到，强硬沟通并不是解决问题的最佳方式，就刻意地学习"柔软话术"，学会了"换位思考"。

我分享这段经历是想告诉你：说话的技巧、察言观色的能力，都是可以通过后天培养逐渐提升的。不管我们是什么性格、是否擅长沟通，都可以通过练习，掌握沟通的尺度，处理好人际关系和公关危机。

提升沟通能力的第一步，就是不仅仅把沟通当成信息的传递，更是看作对关系的维护。很多人过于关注"说什么"，而忽略了"怎么说"。事实上，关系的紧密程度往往决定了沟通的效果。

在亲子关系里，如果亲子关系好，孩子就乖巧听话；如果孩子不喜欢家长，那么家长说什么孩子都不愿意听。在两性情感关系里，双方关系融洽时，说什么听着都甜；如果感情出现了裂痕，双方就很容易发生争吵、冷战。在职场里，如果是自己认可、欣赏的领导，我们就容易采纳他的建议；如果是自己喜欢的同事，配合他的工作时就更愿意；若非如此，我们就容易产生不满、对抗的情绪。

良好的沟通背后，往往隐藏了一个条件，那就是"关系好"。关系的影响力有时甚至大过沟通内容。

所以，跟IP、同事沟通时，我们要考虑的维度不仅仅是"内容"，还有彼此的"关系"，更要注意双方的"位置"，比如面对领导、同事和客户，意思相同的一句话，需要用不同的方式表达。

有位助理对IP说："××老师，过年期间，我们安排了7场直播，这几天辛苦你来播一下。"助理认为这样礼貌又周到，但实际上他只关注了沟通的内容，而忽视了与对方的关系。作为下属，对待IP时最好不要用安排或命令的语气。

优化建议："××老师，为了完成我们今年的业绩，过年期间我们最好能直播7场，你看是不是可以？如果可以的话，我把直播时间规划好发送给你。"

有人常说"我对事不对人",但在沟通上,我们应该既对事也对人。不同的人彼此之间的关系不一样,各自所处的位置不一样,沟通的话术就不一样。比如同样是安排直播工作,我会对助理说"过年期间,我们需要完成 7 场直播,辛苦你配合";对合作伙伴说"过年我们有 7 场直播,不知道能不能请你来帮我";对学员说"过年期间我们有 7 场直播,欢迎提前预约,欢迎你们来收看"。

关系,决定了讲话的方式。沟通的艺术,不在于你说得有多合理,而在于你说得能否让人接受。作为职场人,我们要提醒自己,把沟通话语打磨得更加成熟、简洁、有逻辑。

很多人在线上沟通中容易啰唆、过度寒暄,讲不清楚重点,背后一个很重要的原因,就是没有从传统沟通方式切换到互联网沟通方式。

在传统沟通方式中,人们寒暄好几个回合,才慢慢进入主题。这种方式适合线下见面场景,彼此物理距离很近,能看到对方的微表情,这就需要我们用寒暄的方式试探,找到让双方都舒适的谈话"距离"。

在互联网沟通中，大家隔着电子设备，感受不到对方的状态，往往需要更快进入主题，开门见山，避免让对方猜测和等待。如果你先问"在吗"，对方回复"在"，你又问"我有件事不知道能不能问你"，这要让对方怎么回答？他看不到你，无法推测你到底要他帮什么忙。

互联网信息本身又具有信息量大且迭代迅速的特点，聊了几个回合，还不知道对方的意图，沟通路径很长，时间成本又很高，这会造成沟通的体验和效果较差。IP 行业属于互联网行业，尤其注重效率，采用"总分总"的沟通方式就非常有必要。

举个反例：一位助理在请假时，写了两大屏幕的文字，详细描述了自己的家庭困境，却迟迟没有提到请假的具体时间和原因。这样的沟通方式不仅低效，还让对方感到困惑。

优化建议：采用"总分总"的沟通结构，先提出核心诉求，再解释原因，最后总结。这样可以避免对方猜测和等待，提高沟通效率。比如："文文老师，我想请假3天，6日离开，9日回来。6月7日—8日妹妹高考，她一人外出考试不安心，我担心影响她发挥，特此申请回家陪伴。请放心，这几天我随身携带电脑，随时保持联系，保证工作正常进行。"

通过调整沟通方式，我们可以更好地处理关系，提升沟通效率。然而，作为 IP 助理，仅仅掌握这些技巧还不够，还需要避开一些常见的沟通雷区。接下来，我将详细列举这些雷区，帮助你在工作中更加游刃有余。

2.IP 助理需要避开哪些踩雷行为

IP 助理的沟通错误有很多，常见的有以下 5 种。

（1）回复不及时

正常来讲，IP 助理看到消息就应该尽快回复。一般工作时间（公司规定的上班时间），2 小时内要回复消息；非工作时间（工作日下班后、休息日、法定节假日），信息也要在当天回复。如果确实没办法及时回复，那么回复时第一句话要说："抱歉，我刚刚在 ×××，回复晚了。"

互联网行业工作与传统行业工作不同，IP 助理需要做到及时响应。这并不难做到，一个人基本每天都会查看消息很多次，正常都能在收到消息后 1 小时内回复，即使偶尔错过一次消息也能被理解。但如果经常漏回消息，或是不及时回复，那会大大降低工作效率。

我曾经遇到一个助理，第一天白天发给他的消息，第二天下午催过之后他才回复。这要么是工作能力的问题，要么是工作态度的问题。不及时回复的次数多了，团队自然不会考虑继续聘用他。

（2）话说一半人"消失"

IP 的时间很紧张，沟通讲求效率，而且最好有始有终。举个反面例子，本来 IP 和助理在正常聊工作，助理突然就不回复了，既没有给结束语，也没有告知发生了什么情况，让 IP 一头雾水。如果沟通过程中自己确实有事情，可以告知对方："不好意思，我这边有点事，一会儿再来沟通。"或是说："我有个电话进来，稍后回复。"

遇到确实不知道怎么回的消息，我们可以用话术争取沟通时间，比如："好的，我思考一下，等一下来回答，可以吗？""我去确认一下，1 小时后来回复。"

话说到一半，人就"消失"了，这种行为带给另一方的体验很不好，对 IP 来说尤其如此，因为他们的时间很宝贵，沟通顺畅能节省时间成本。要记得助理最核心的功能之一是帮 IP 省时间，这点无论何时何地都需放在心里。

（3）在群里频繁 @IP

有的助理喜欢在群里频繁 @IP 来汇报工作，这是不对的。

首先，这样做不够礼貌和尊重。如果需要汇报工作，应该以一对一的形式，单独汇报给对方，而不是把汇报内容发在群里，不断地 @ 对方。其次，如果公司群人数比较多，大家都这样做，会造成工作群信息刷屏；如果 IP 没有及时查看，翻找起来比较费时间，还很容易错过重要消息。最后，站在助理自己的角度，如果发在群里的汇报内容有问题，IP 也不指出，会让其他人误会 IP 不懂业务、做事不公平；如果 IP 指出各种错误，就会把你的不足暴露在众人面前，这种时候，你自己就很尴尬。

那么，什么时候可以在群里 @IP 呢？如果对方明确要求你在群里向他汇报工作，或是对方正在群里向你问话，那么你及时 @IP 并回复是可以的。

（4）回避或跳过问题

助理被批评，或是遇到不太好回答的问题时，很容易采取回避的态度。比如，IP 问："你的工作完成了吗？"助理回复："我去找

××沟通一下。"这就属于回避，并没有直接回答问题。

你应该如实回答是否完成。如果确实没完成工作，可以这样回答："暂时没完成，我计划××时间完成，届时汇报。"要有清晰的完成节点，让 IP 放心。

不仅仅是工作沟通，在日常生活里，回避也会带来很糟糕的沟通感受。例如女孩问男孩："我的生日你陪我过吗？我们去哪里吃饭比较好？你喜欢什么菜？"男孩回答："我工作很忙。"这就是回了等于没回，次数多了男朋友就变成前男友了。

还有一种情况属于"跳过问题"，比如问你三件事，你只回答其中一件事。正确的做法是逐一回答。即使预估短时间内回答不了，你也需要给出回应："我需要一点时间，确认后 1 小时内回答。"或是"我思考一下回复。"认真回复每一句话，这也是靠谱的一种表现。

（5）做错事不道歉

有的助理在工作中出错，因为害怕被批评，会选择不承认错误，找理由解释，就是不道歉。

工作中犯错在所难免，如果确实做错了，最需要的不是辩解，而是尽力去补救，减少失分。比如说："这件事是我的问题，很抱歉带来不好的感受（影响）。我接下来会这样改，预计这样做。改好后我再来汇报，您看可以吗？"事情做错了可以改，丢掉的印象分也可以追回来。道歉，并不会断送你的职业生涯，反而展现了一种积极弥补的姿态。

沟通不仅仅是信息的传递，更是关系的维护。通过避开这些常见的沟通雷区，你不仅能提升工作效率，还能在职场中建立更深厚的人际关系。记住，高情商沟通并非与生俱来的技能，而是通过不断练习和调整获得的。从今天开始，试着用更柔软的方式表达，用更敏锐的洞察力去理解他人，你将成为职场中不可或缺的沟通高手。

第四节
如何道歉和感谢，才能拉近与 IP 的关系

在 IP 助理的培训中，我经常被问："如何在犯错后挽回 IP 的信任？又该如何表达感谢，拉近与 IP 的关系？"这两个问题，正是 IP 助理在日常工作中最常遇到的沟通难题。道歉和感谢，看似简单，却蕴含着深刻的沟通智慧。

那么，到底应该如何道歉，才能在我们不小心出错之后弥补丢失的印象分？又该如何感谢，才能拉近与 IP 之间的关系呢？

1. 四个道歉步骤，帮你重建信任关系

一位 IP 曾向我吐槽，他的助理在一次活动中犯了一个小错误，

结果花了两小时解释原因，却始终没有道歉。IP 原本只想简单提醒，却因为助理的"解释"而愈发恼火。

聪明的助理懂得先承认自己做得不足的那部分，让 IP 的情绪有个出口。IP 虽然恼火，但因为你敢于担当、敢于认错，他心里的气也会消解几分；有的 IP 甚至会在心里帮你找补，剖析失误背后的原因，认为这并非完全是你一个人的责任，会再给你试错的机会。

助理工作失误，最忌讳的就是只解释不道歉。从 IP 的角度看，这很可能就是推脱责任、"甩锅"不认错。无论你是否做错，只要最后的结果让 IP 不满意，就不是一件好事。

还有一个容易被大家忽略的点：问题发生了，是先解决情绪还是先解决事情？这要取决于 IP 的行事风格。有的 IP 可能喜欢先解决情绪，再解决事情；有的 IP 希望先把事情解决好，不会有太大的情绪波动。这里分享一个道歉模板，既能让生气的一方平息怒火，又能干净漂亮地弥补错误：对不起 + 我认罚 + 我积极改进 + 延迟反馈。

第一步，说"对不起"，表达自己的歉意。

比如说："很抱歉，这件事你交给我是信任我，本来我应该完成好，不让你操心，结果我却没做好。"

一定不要解释，只需要表达歉意。有人可能会担心：事情可能不是自己做错的，还需要承认错误吗？

不是说要一味地把责任归咎于自己，而是要表达出"事情交给我了，我却没有做好，这就是我的错"的意思。至于结果不尽如人意的原因，后续看情况决定是否展开讨论。

第二步，我接受批评和惩罚，愿意弥补。

只是简单地道歉，随便说一句"对不起"往往不够，很容易让 IP 感觉被敷衍。所以，接下来要表现出充分的诚意，我们可以说："无论如何，这件事都是我做错了，无论怎么批评我都应该，我愿意接受任何惩罚。"

如果确实是你造成了损失，你就要主动提出接受惩罚、弥补损失，每个人都要为自己犯的错误付出代价。敢于担当，说明你愿意为自己的错误负责，也能挽回你在 IP 心目中的分数。

第三步，我马上改进，我依旧会积极行动。

出现问题后，IP 责备我们并不是只想惩罚，而是希望我们之后把事情做好。

因此，我们需要重新梳理信息，跟 IP 确认工作的细节和标准。比如说："你刚刚说的三点我记下来了，第一要怎么样，第二要怎么样，第三要怎么样。这几点我以后在工作中会注意调整，不再犯同样的错误。"

重申 IP 的要求，表示自己的行动依然很积极，工作态度依然很积极。如果工作还没完结，可以跟 IP 说："我现在赶紧去解决问题，争取弥补损失。"或是"我现在马上按照你的意见改正。"

这时候，IP 的火气大概率已经降到能够理智、平静地跟你沟通的程度了。IP 会从对你个人不满的状态，转变成讨论事情本身。

第四步，延迟反馈，给彼此留一个情绪出口，争取再沟通一次的机会。

跟 IP 约定一个反馈的时间，这一步非常重要。这是在给彼此留一个情绪的出口，争取下次沟通的机会。等遇到合适的机会和场合，我们可以根据必要性，稍微为自己做些解释，挽回信任。比如说："上次的事件我很抱歉，当时主要是想赶快做完，一着急就没注意检查。以后我一定汲取教训，不管什么时候，都会拿出最好的水准，起码不能犯低级的错误。"

如果你的业绩好，IP 心情也比较好，你可以说："我这次做得确实有欠缺，幸亏最后结果还不错，我会总结经验教训，下次继续努力，争取做得更好。"

再回顾一下这四个步骤：对不起、我认罚、我积极改进、延迟反馈。先认下错误，然后积极行动，再把 IP 对人的不满转变成对事情的讨论，让 IP 的情绪从负面转变成相对柔和，最后向 IP 争取下次沟通的机会。

最后强调一下，这四个步骤缺一不可，大部分助理可以做到第三步，却不重视最后一步的反馈，其实最后一步非常有用。IP 批评你，其实自己心里也不舒服，担心你心里有怨言，影响工作和你们的关系。如果我们主动"破冰"，体谅 IP 的心情，即使做了错事，依旧有机会重新修复彼此的关系。

2. 恰到好处地表达感谢，拉近关系

在与 IP 的相处中，精准把握表达感谢的时机，选用恰当的表达方式，对于构建和拉近与 IP 的关系至关重要。如何用感谢让关系更近一步？我们接下来分成两个部分来讨论。

（1）何时表达感谢

第一，在 IP 表扬赞美时。IP 对我们予以称赞，这是在释放善意的信号。我们理应坦然接受并迅速给予真诚回应。得体的反馈，能让对方感知到我们对其的善意和尊重，为后续交流营造良好开端，因此要大方接受称赞，而不是推脱。

老板：你这次办事效率高，真不错！

×：没有没有 / 哪里哪里。

√：多谢夸奖，我定会再接再厉，向你靠拢！

我曾夸赞一位同事的着装优雅得体，她却过度自谦地说："没有，没有，我就是胡乱穿的。"致使场面略显尴尬。

同事：你今天的衣服真好看呀，很衬气色。

×：没有啦，我就是胡乱穿的。

√：哇，谢谢，你也很有眼光！

学会大方承接赞美并致谢，也是一种人际交往中的智慧。

第二，在获得机会或资源时。如果 IP 为我们提供了难得的发展契机或珍贵资源，这无疑是我们职业生涯中的幸事，此时，诚挚的道谢必不可少。

老板：这次全封闭培训学习，公司就派你去了，好好把握机会啊！

×：啊，我最近工作很忙，您要不派其他人去吧。

√：谢谢老板，我心里很感激您这次给予的宝贵机会，我一定好好珍惜，日后有可以效力之处，定当全力以赴。

注意，即便所获机会或资源与自身预期稍有偏差，也不可草率拒绝或妄加批评，毕竟这可能会折损对方的信任，阻断后续合作的可能。

曾有位 IP 助理，内心对 IP 推荐的资源不满，不仅没说谢谢，反而反复抱怨"机会不合适"。其实不管是否真的合适，我们都应该怀揣感恩之心，对自身抉择负责，悉心维护与 IP 的友好互动。

第三，在 IP 指导工作时。IP 做事可谓分秒必争，他们愿意花时间指导我们工作，无疑是一种信任和有力的扶持。

老板：你试试 ×× 方法，说不定更好用。

×：好的，不过我更习惯 ×××，我觉得这样更好。

√：谢谢您，我学到了新的方法，受益匪浅，我会在后续工作中认真改进，并且及时反馈成效。

这样回应，既彰显了我们的谦逊姿态，又展现出积极进取的风貌，有助于稳固长期的指导关系，拉近与 IP 距离的同时还能积累工作经验。

第四，在 IP 给予升职加薪时。这无疑是我们职业生涯的高光时刻，也是 IP 对我们辛勤付出与专业能力的高度肯定。这种情形下，表达感激不能仅停留在言语层面，还可通过实际行动进行升华。

×：谢谢老板！我太开心了！（只停留在言语层面，没有其他行动。）

√：谢谢老板！我太开心了！（精心挑选一份契合心意的礼物赠予 IP，或者为团队筹备一顿温馨的下午茶，借此传达谢意与喜悦。）

这些举动，不仅能让 IP 深切体会到你的感恩之意，还能增强团队的凝聚力与向心力。

第五，在 IP 馈赠礼物时。收到 IP 的礼物，这是一种情谊的象征。除了要即刻热情地口头致谢，我们还可以斟酌在适宜时机回赠一份礼物。礼尚往来不仅是传统美德，也是一种情感的互动与延续。让对方知晓自己珍视这份情谊，未来继续保持良好的往来关系。

（2）如何正确表达感谢

根据不同情况，感谢可以分成 5 个层级。

文字致谢。这是最基础且直接的致谢方式，在日常交流中，善用文字信息，用真诚的语句传达内心的感激。

口头致谢。口头致谢包括当面致谢和电话致谢。当面致谢能让对方更真切地感受我们的诚意，效果优于电话致谢；电话致谢，又比单纯的文字信息更具温情。自然而真挚的话语能迅速拉近与对方的距离，让对方体会到我们的尊重与认可。温馨提示：尽可能及时表达谢意，效果远胜于事后弥补。

工作行动。仅靠口头感谢有时略显单薄，以实际工作成果回馈对方的帮助，更为扎实有力。例如，向 IP 表态："感谢你的教导，我会在后续工作中主动请缨，全力完成任务 A、B、C，不辜负您的信任与付出。"除此之外，还要切实完成这些任务。

通过切实的工作行动，我们向 IP 展示了自身的成长与进步，凸显对其帮助的珍视，进而赢得更多的信任与支持，拉近跟 IP 的关系，成为 IP 心尖上的助理。

礼物回赠。在恰当的时机，依据对 IP 喜好与需求的洞察，挑选一份饱含心意的礼物相赠。礼物的价值不在价格高低，而在心意深浅。一份用心挑选的礼物，能让对方在日常使用时唤起记忆，加深好印象，进一步巩固彼此的关系。例如，你知道 IP 热爱茶文化，就送上一盒珍品茶叶；你发现 IP 重视办公效率，就推荐一款实用的办公软件等。

资源推荐。资源的共享与推荐是一种极具价值的感恩方式，彰显了我们的能力与诚意。如果对方曾为我们推荐实用资源，可以多留意对方可能需要的资源，并在合适的时候予以回馈。

如果以自己目前的能力和资源，暂时无法提供对等的资源回馈，那么可以力所能及地提供有价值的信息或线索，相信 IP 可以感受到我们的用心与关怀。比如，你得知某场行业研讨会对 IP 有益，可以及时向 IP 同步相关资讯；IP 正需要培训编辑团队，你就分享一份行业优秀编辑的工作 SOP，这些都是表达感恩的方式。

职场不仅是技能的比拼，更是人情世故的修炼。道歉让我们在犯错后重建信任，而感谢会深化彼此在合作中的关系。掌握这两项技能，你的职场之路将更加顺畅。

chapter

5

第五章

IP助理必修的"绝世武功"

第一节
写作能力：从零到一，实现能力进阶

很多 IP 助理问我："从助理发展到合伙人，需要具备哪些能力？"

答案可能有很多：上传下达的能力、组织协调的能力、商务谈判的能力……但其中最基础、最核心的，一定是写作能力。无论是辅助 IP 打造内容，还是运营社群、撰写文案，写作能力贯穿于 IP 助理工作的每一个环节。可以说，写作是 IP 助理从"执行者"迈向"合伙人"的必经之路。

那么，新手写作者又该如何从零开始，实现从写作新手到高手的进阶？带着这些疑问，我将一一为你揭开写作进阶的奥秘。

1. 重新认识写作：为何写作是 IP 助理的核心工作能力

作为 IP 合伙人，我对产品策划能力、运营能力和销售能力的重要性了然于心。然而，在我眼中，内容创作能力始终占据着无可替代的中心位置。

在 IP 的多元生态中，无论是从传统品牌华丽转型的创始人 IP，还是凭借内容输出积累人气的个人 IP，想在竞争激烈的市场中占有一席之地，关键在于抓住用户眼球、影响用户。而好的内容，无疑是免费、高效吸引用户的核心。想要持续产出和包装内容，离不开扎实的写作能力。

对于助理而言，写作的重要性不言而喻。辅助 IP 创作原创内容，展现其独特个性，需要写作；打造 IP 私域，描绘其丰富多彩的生活，需要写作；编辑视频脚本，为爆款视频奠定基础，需要写作；撰写营销文案，撬动产品销量，需要写作。可以说，每位助理日常的工作，都离不开写作。

写作是沟通、表达的底层能力，在维护社群氛围时，生动活泼的表达如同神奇的"黏合剂"，紧紧抓住用户的心；有趣诙谐的语言则像无形的"邀请函"，激发用户踊跃参与。在社群分享中，逻辑清晰的观点能让用户收获满满；擅长以用户思维讲故事，更能引发强烈的情感共鸣，让用户与 IP 之间的连接更加紧密。

再看与写作关联似乎不大的剪辑工作，实则也需要内容基础。当我开始带助理剪辑视频时，发现剪辑绝非简单的拼接操作，而是基于对内容深度理解后的"故事重构"。精准把握 IP 账号内容的整体逻辑和框架，才能删减多余枝丫，精准抓取重点，产出令人眼前一亮的优质作品。如果剪辑助理不懂内容，就像厨师空有高超的刀工，却不了解食材，根本无法做出美味佳肴。

从助理一步步迈向合伙人，内容能力始终是必备的"通关秘籍"。只有深度理解 IP 输出的内容，懂得包装推广，才能帮助 IP 在市场竞争中脱颖而出。没有 IP 能拒绝一个拥有出色写作能力的 IP 助理，因为这对 IP 来说简直就是如虎添翼。

2. 建立长期主义心态：写作进阶的精神引擎

在今天这样的 AI 时代，写作的门槛变得越来越低，只要你学会使用 AI，从零开始也能产出质量在 70 分以上的内容。但使用 AI 的目的是让我们高效完成工作，而不是代替自我表达。而且，自己首先要具备优秀的内容审美能力，才能判断内容的好坏，创作出更加优质的内容。

我见过太多助理，疯狂追求效率，前三个月激情满满，后来却在焦虑中放弃。所以，新手如何从零到一，练就自己的硬本领？

写作进阶的底层逻辑，不是咬牙硬撑，而是像种树一样，深深扎根，向上生长。

第 46 届金马奖最佳男主角奖获得者黄渤，在凭借《斗牛》获奖前，当过驻唱歌手、舞蹈教练，在影视配音行业挣扎求生。最窘迫时，他白天骑三轮车送海鲜，晚上在夜市观察商贩砍价，把市井人物的肢体语言和方言腔调嚼碎了融进表演。斩获金马奖最佳男主角奖时，他说："哪有什么天赋，不过是把市井百态腌进了骨头里。"

写作也是一样，需要长期积累，不可能一蹴而就。如果期望通过写几篇文章就成为写作高手，这反而容易引发焦虑的情绪，欲速则不达。所以，我们要拉长目标周期。比如目标是跑马拉松，起步慢一点没关系，跑一两公里累了也没关系，只要能够坚持，就有机会跑完全程。

多年前，我立志要写一本自己的书。当时很多人觉得这是天方夜谭，但我从每天写 500 字开始，到最终完成书稿，整整坚持了 7年。很多人没能成为写作高手，不是因为不够聪明、不够努力，而是期待短时间内从写作新手变成年入千万元的写作"大 V"。这样不切实际的目标很难达成，容易让人产生挫败感，最后无奈放弃。

你也可以制订一个 3 年计划，将目标拆解为每年、每月、每周甚至每天的具体任务，在每次练习中耐心打磨每一个细节。通过持续练习，你会发现只要坚持小半年，就能取得明显的进步。

我曾指导 7 岁的儿子写作，前 3 个月只要求孩子每天写一两句话，记录自己的生活和思考，无论写什么都可以。等他把这两句话写顺畅之后，我将要求提高到每天写 100 字。大约半年后，我跟他说："写 300 字就能标注公众号原创文章，如果你能每周写一篇 300 字的小作文，我就给你开设公众号。"大约过了一年，他就能持续每周在公众号上发表原创文章了（见图 5-1）。

儿童写作的纯粹性或许恰好是成年人心浮气躁的解药。不急不躁，在正确方法的引导下持续努力，收获正面反馈，就能实现质的飞跃。

图 5-1　孩子的公众号文章列表

3. 从易到难，构建写作成长闭环

在明确了写作的重要性，拥有了正确的心态之后，接下来我们要掌握科学的练习方法，真正动起笔来。

（1）明确写作目标，激发内在动力

我们不妨问问自己：写作是为了写好朋友圈文案，得到 IP 的赏识，还是为了创作出爆款文案、视频脚本？或者是通过将写作内容变现，打造个人 IP，甚至把写作当成终身职业？每个人写作的

出发点不一样，目标不同，动力也就不同，后续的练习重点和方法也会有所区别。

如果目标是写好朋友圈文案，练习时就多注重文案的趣味性和互动性；如果想打造爆款视频脚本，就得深入钻研故事结构、镜头语言的表达。目标越清晰，行动就越持久、越有力。

读到这里，你可以停下一分钟，拿出纸笔，写下自己的写作目标。目标因人而异，没有固定的标准。在设定目标的时候，一定不要好高骛远。将大目标拆分成一个个小目标，像写书一样，先确定主题框架，再按章节去写，一步步推进。

（2）零帧起手，打造实战练习闭环

从零练习写作，建议先从基础的写作技巧练起。比如如何找选题、如何起标题、如何写开头和结尾、如何写好一个故事等。学了技巧之后，关键是要把它们运用到实际中。我推荐从与我们紧密相关的场景开始训练。

工作场景。工作中有很多需要写作的场景。比如反馈工作的时候，不要只简单回一句"嗯，好的"，而是按照规范的模板，清楚地表明已收到任务，说明目前的思路、预计完成时间，还有可能存在的问题和反馈时间。在团队会议上汇报工作时，用"总分总"的结构，比如"我上周负责了三件事，分别是……；下周还有三件事，分别是……；综上所述，本周工作的重点是……"，这样的表达会更有逻辑性。

在团队协作的时候，清楚地交代任务，比如"今天有五件事需要你做，每一件各是什么"，避免信息混乱。

商务沟通场景。商务沟通中有非常多可供练习的场景。比如，客户问产品有没有某功能，如果没有，我们不要直接说"没有"，而是回应"目前产品暂时没有这个功能，但我们正在研发类似功能，预计在 ×× 时间上线，到时候能更好地满足您的需求。"

否定词很容易引起别人的逆反情绪，学会换位思考，站在对方的角度来组织和表达内容，更容易达成合作。

朋友圈场景。朋友圈是展示自己的窗口，也能获取直观反馈。认真对待每一条朋友圈文案，不要把朋友圈文案写成那种只给自己看的日记式文字。可以从记录生活点滴、分享学习感悟开始，写 100~200 字来锻炼文字表达能力。当你能轻松写出 300 字的朋友圈文案时，就试试写 500 字、800 字，甚至 1000 字的内容。你可以分享电影观后感、工作中的思考等。把这些内容稍微整理一下，就能发布到小红书、公众号或知识星球上（见图 5-2）。

- **初级：只有简单的描述，缺乏信息量**

准备开始喽，到现场的姐妹先来一波美照！

- **中级：清晰描述了当下的状态，但缺乏升华、缺少观点**

第一天：上海线下闭门课
文文老师带着大家过一个难忘的七夕，
带着咱们IP从零做赚钱社群！
即使过节也不耽误学习和赚钱。
大家还争相发言，学习氛围浓烈！

- **高级：描述清楚背景，有观点表达和价值升华**

七夕怎么过?
今天是#闪光星球线下闭门课#第一天，文文老师在教大家如何赚钱。
今天讲的是IP如何从零做赚钱社群。
搬运一个赚钱小秘诀送给大家。
新手开知识付费营如何卖爆?
文文老师说，细化选题颗粒度就是秘诀之一。
把大的职场课选题细化成职场×IP助理课，一下就爆了，卖出百份。
表面上看两个都是说职场，但市场上职场内容已不是大众主流。
同时，想做IP的人又需求旺盛，
两个大趋势一叠加，就能够帮助我们的产品找到市场需求与个人差异化优势的结合点。

图 5-2　不同等级朋友圈文案对比

在朋友圈写作，不仅能提高写作能力，还能为自己赢得机会。助理营有位学员靠每天在朋友圈分享学习心得与思考，被公众号"小声比比"的创始人发掘，邀请其成为全职助理，因为他的文字鲜活、有力量，能从中看出这个年轻人有一颗积极进取的心，而且喜欢自我表达。

（3）积极寻求反馈，让写作能力加速提升

在写作过程中，往往是"当局者迷，旁观者清"，写作者难以察觉文中存在的逻辑漏洞、语言瑕疵。因此，积极寻求他人的反馈，能为我们提供全新视角，也是提升写作能力的关键步骤。

那么，哪些渠道可以获取反馈？

AI 反馈。可以将文章上传至 ChatGPT、豆包、DeepSeek 等，输入指令："作为专业编辑，指出文章的结果、逻辑、案例、语言方面的问题，并给出优化意见。"得到答案后，重点优化 AI 指出的问题，比如缺少案例、论据断层、句子冗余等。

同行交流。与同行分享自己的作品，因为他们身处内容领域，大多有较好的文字素养。在交流过程中，我们不仅能够获取关于写

作技巧的宝贵建议，还能了解到行业内的优秀案例和创新思路。加入写作社群，或者积极参加线下的写作交流活动，都能接触优秀的同行。

专业指导。寻求专业老师或写作教练的帮助。经过系统学习和长期实践的老师，能够凭借其丰富的经验和专业知识，敏锐地指出问题所在。例如，在完成一篇营销文案后，自己可能觉得完美无缺，但经有经验的老师仔细审阅后，可能会发现文案在引导用户的环节不够有力，或者对产品优势的阐述不够突出。

条件允许的话，推荐你参加专业的写作培训课程，获得老师一对一的批改指导。专业人士能够从文章结构、字词运用等方面，全方位地给出建设性意见。

用户反馈。用户评价和数据是最真实的反馈。作品是面向大众的，我们可以有针对性地获取建议。例如，要优化营销文案，我们可以着重收集消费者的反馈。通过设计调查问卷、积极开展评论区互动等方式，更多地了解用户对作品的感受、理解程度以及期望；要优化小红书文案，我们可以多在评论区发起互动，站在用户的角度审视作品，使内容更好地满足用户需求。

千万不要自己埋头写，而要公开表达。你阅读自己的作品时，很可能受限于个人视角，自我感觉良好，但数据不会撒谎。如果文章、视频的浏览量不好，大概率是因为选题不够戳中痛点、标题不够吸引人、内容信息密度不够等。这种反馈，有助于我们理性看待自己的内容。

根据每次收到的修改反馈，认真迭代、优化，从而形成"写作—反馈—优化—复盘"的循环，我们就能不断地进步和提升。

我知道，现在很多人会感到困惑："现在 AI 都能写诗了，还有必要练写作吗？"

AI 能写出正确的字词，但有些生动的细节只有人类看得见、感受得到，比如老板皱起又舒展开的眉头、用户欲言又止的神色。只有人类共情得了每个数字背后的烟火气息。写作，从来不是写正确的字，而是打捞那些在冰山下翻涌的情绪。学会使用 AI，就像学会使用探测器，能帮助我们更快地触达目标。

这世上真正可贵的，永远是看懂人心的眼睛。敏锐的观察力、情绪感知力、精准表达力，不仅是 IP 助理的，更是全人类最不可取代的力量。

第二节
私域管理能力，帮你深耕领域

2023 年，杭州某 MCN 机构给私域运营岗开的薪资，比同公司的产品总监高 30%。这不是偶然——某头部直播团队曾透露，他们的私域用户贡献了直播间 65% 的复购订单。

在流量越来越贵的今天，私域越来越被重视。那么，什么是私域？简单来说是指 IP 可以直接触达、反复使用的流量池，比如微信好友、社群成员等。与公域流量相比，私域流量的优势在于低成本、高黏性、强信任。通过私域运营，IP 可以用 1 元成本撬动 10 倍收入。

作为 IP 助理，拥有私域运营能力不仅是职业跃迁的跳板，更是成为 IP 左膀右臂的重要条件。但现实往往是这样的：

有人盲目添加 5000 个好友，用户转化率却不足 0.1%；
有人每天群发 10 条广告，却被 80% 好友屏蔽；
有人投入 3 个月运营私域，ROI（Return on Investment，投资回报率）还不及公域的零头。

那么，什么样的商业模式适合做私域？如何高效管理私域账号？朋友圈又该如何规划？接下来，我们将一一解答。

1. 什么样的商业模式适合做私域

做私域绝不是拉个群发广告这么简单。对待买普通配方奶粉的客户和买高端月子服务的客户，需要采用完全不一样的运营策略——前者可能更关注折扣信息，后者则需要专属的管家服务。私域运营是 IP 从"流量获取"到"用户深耕"跃迁的关键。

微信是私域流量的重要载体，因为它社交属性强、使用频率高且能直接触达用户。但我们添加微信账号需要花时间，维护关系也需要时间，运营所需要的时间、金钱、精力，统统都是成本支出。从这个角度说，并不是所有业务都值得做私域，若符合以下几个标准，则要非常重视私域的运营。

（1）高复购的业务一定要重视私域运营

高复购是指用户的重复消费频率高。完美日记运营私域的"撒手锏"根本不是群发消息，而是柜姐企业微信里的"变美日记本"——每个用户都有专属妆容档案，柜姐每周推送 3 次定制化产品组合。这种"私人美容顾问"模式，让客单价飙升几倍，复购率显著提升。

如果你运营的产品，有机会产生像完美日记一样的高复购，就非常值得做私域。

（2）高客单价的产品适合做私域

什么业务属于高客单价？

我有个做房产经纪的朋友，他非常重视私域运营。通过精准筛选，他的微信好友数量超过 1 万人，其中大部分是潜在客户。即使实际成交率只有 0.5%，每年也有 50 人通过他买房，这足以让他赚得盆满钵满。他的成功秘诀在于：精准筛选、持续维护、高效转化。

现在常见的高客单价业务还有出国留学规划、家庭理财规划、高端医美等。特别是高端医美，既属于高复购业务，也属于高客单价业务，一定要重视私域运营。

反之，如果一条标准都不能满足，该行业运营私域的价值就不大，没必要投入太多人力、物力。是否需要运营私域，也要根据具体情况分析，要计算实际的投入产出比。IP助理内心应当清楚，要把工作重心放在高价值产出的地方。

2. 如何进行私域账号管理

管理和运营私域有些复杂，我们分成3个部分一一展开。

（1）企业微信与个人微信

最初接手私域运营工作时，很多人可能分不清楚，到底是用企业微信号，还是用个人微信号。如表5-1所示，企业微信与个人微信主要有以下区别。

表 5-1　企业微信和个人微信对比

项目	企业微信	个人微信
容量	认证后可达 5 万人	超 5000 人则朋友圈受限
添加效率	日加 1000 人无风险	日加 50 人可能封号
用户信任度	工具属性强，易被删	真实社交，留存率高
内容触达	每日可发 3 次营销信息	朋友圈无限次自然曝光
管理成本	需年费 + 专业运营团队	个人手机即可操作

如果 IP 私域人数不超过 10 万，推荐使用个人微信号，因为客户对其信任度高、黏性好，客服跟用户能很好地互动交流。如果 IP 私域人数超过 10 万，个人微信号数量增加，需要增加手机、手机卡、管理人员，意味着增加管理成本，从投入产出角度考虑，可以使用企业微信。不过大部分 IP 更倾向于使用个人微信号。

(2) 管理微信三件套

身份档案（绑定信息纸质存档）。你需要明确自己使用的微信号所绑定的各项信息，如身份证、手机号、银行卡、密码等信息。

设备标识（手机贴专属标签）。建议将微信号所绑定的手机号、认证信息等，用便签记录后贴在手机背面，避免管理多个账号时发生错乱。

健康监测（每月 5 日检查话费）。每个月检查话费，保证手机号不停机、可通过搜索手机号添加微信好友。

（3）群发消息必知

群发不是撒网捕鱼，而是精准垂钓。

- 用"行业＋痛点"作为标签关键词（如＃教培转型）
- 每次触达解决一个具体问题
- 附带立即行动钩子（扫码领/限时问诊）

注意：使用微信自带的群发助手，不可推送敏感信息及过度营销性信息，单次推送量上限在 1000 人左右（推送过多会被提示操作频繁）。

3. 如何做好朋友圈总体规划

（1）基础设置 4 件套

微信头像。尽量使用真人头像或贴近真人的卡通形象，展示专业、亲近的形象，提高用户信任度。

微信昵称。微信昵称尽量简洁，加上品牌或专长，如朋友圈营销师－李雯、母乳喂养师－立姐，忌字数过多或含有意义不明的特殊符号。

签名设置。凸显有趣、专业、有价值，是签名设置的核心，如：国内文案变现第一人，独创××文案写作法。

朋友圈封面。可展示专业形象、主营业务、权威背书、大咖推荐等。

（2）IP私域朋友圈内容

一般朋友圈内容可以分成3大类型：人设、价值、广告，其中广告又分为软广和硬广。

人设内容。人设指的是个人IP的定位，比如商业博主。日常可以多输出符合身份定位的内容，来强化自己的人设。例如，晨间专业形象打造公式：场景＋金句。示例：早上6:30书房工作照片（包含咖啡杯和电脑）＋文案"清晨的灵感最纯粹"。

价值内容。能提供干货价值、情绪价值的思考或观点等内容。例如，午间干货拆解：截图用户问题 + 思维导图解答。示例：用户@ 王姐问"如何选学区房"，提供截图 +3 张思维导图攻略。

软广内容。软广就是在分享内容的过程中，顺势提及自己的业务、产品，没有明显的营销感。例如，晚间场景化种草：客户证言 + 产品使用场景。示例：与客户的聊天记录截图 + "感谢信任，第 3 套别墅设计启动！"

硬广内容。硬广就是直接推广自己的业务、产品，比如商品链接、购买宣传海报。例如，节假日限时福利：倒计时海报 + 专属折扣码。注意雷区：硬广每月发布最好不超过 3 次，避免频繁使用"最后一天"等话术。

我个人发朋友圈的习惯是将人设、价值、软广、硬广内容的比例大概控制在 3∶3∶3∶1。

（3）朋友圈内容风格

我从 IP 助理升到 IP 合伙人，同时也是两个孩子的妈妈，我的朋友圈内容需要跟 IP 助理、IP、妈妈这些词结合在一起，且至少由三部分组成：专业性内容 + 生活化内容 + 互动性内容。这些内容都让我朋友圈的内容风格更符合人设。

专业性。展现与业务的相关性。比如，我会设置标签 # 文文讲 IP 助理、#IP 助理，发布的内容也经常聊到有关做 IP 的思考。

生活化。展现我生活中温暖、真实、有趣的一面，比如我健身的照片、跟孩子们的互动、出游经历等。

互动性。展现我跟外部环境的关系，包括我和助理营学员的互动、与 IP 的互动，还有我的团队内部的互动。

多元的方式，才能呈现一个活灵活现的真人。我个人硬广所占的比例相对较低，发 10 条朋友圈内容才有一条硬广。大部分时候，我发的个人成长思考较多，因为过度的广告营销不一定能带来销量增长，还有可能招致微信好友的厌恶。我每天在朋友圈发布 1~2 条内容，一般不超过 4 条；即使在特殊情况下，最多也只发 10 条。

我测试过，发布内容超过 10 条，很容易被微信降权，也就是减少你在朋友圈的内容呈现，也很容易让微信好友觉得你在刷屏，容易被删好友。不过，凡事都有例外，像"群响"的私域朋友圈，一般每天更新 10~15 条内容，靠干货和优质的朋友圈内容打动用户。

我会要求运营助理根据业务情况，拟定"发圈"SOP 流程图，以一周为周期，早、中、晚 3 个时间为节点，做好朋友圈发布的内容排期（见图 5-3）。私域运营不是一蹴而就的，需要长期耕耘。愿意付出耐心打好基本功的人，往往能赢得更多用户的心。

每周规划	发圈时间	星期	发圈内容			备注	发圈情况
			早	中	晚		
	3 月 2 日	周六					
	3 月 3 日	周日					
	3 月 4 日	周一					
	3 月 5 日	周二					
	3 月 6 日	周三					
	3 月 7 日	周四					
	3 月 8 日	周五					
	3 月 9 日	周六					
	3 月 10 日	周日					

图 5-3　发圈 SOP 流程图示例

有家百年老字号店铺，其镇店之宝不是祖传秘方，而是一个记载了 23 万名会员喜好的数据库。这让我想起张小龙说的，互联网的本质是消除信息不对称。那么私域就是构建可持续经营的用户关系。

第三节
社群运营：IP 商业变现的关键密码

获取新流量越来越难，很多 IP 聚在一起时不再聊"如何拉新"，
而是"怎么获取财富"。有人试过拼命砸钱投广告，结果用户来
了又走；有人闷头写内容，数据好看却挣不到钱。那些真正挣到
钱的 IP，几乎都做对了一件事——把用户"装进"社群里。

知识付费"大 V"靠社群卖高价课；电商老板用社群实现复购率
翻倍；就连卖农产品的老乡，都能在社群里把土鸡蛋卖出网红
价。作为 IP 助理，学会运营社群，就是帮 IP 开启财富之路。

1. 社群运营的关键作用

社群的变现方式很多，而且变现速度快，投入产出比也相当可观。接下来，我给大家详细分析 5 种常见的社群盈利模式。

（1）社群卖货盈利

这种模式主要分为快闪群和粉丝长期卖货群，两种群各有利弊。

快闪群。它的优势在于能在短时间内集中火力，把产品销量一下子引爆。售卖期结束后，还能快速解散，后续维护社群的人力成本都省了。像知识付费行业，为了让用户果断下单，IP 常常提前攒一波流量，拉个快闪群，在群里用优质内容影响用户，然后挑个时间段集中营销，卖课程"快、准、狠"。电商平台在"双十一"这种大促时段，则会用各种福利吸引粉丝进群，举行定金预付、定点抢优惠等活动。

不过，这类纯销售型社群也有明显缺点——用户新鲜感一过，就很容易对这类社群感到疲倦。因此，此类社群内的用户活跃周期通常很短，大约为 3 天。所以，要运营快闪群，就得速战速决，最好在 3 天内把所有营销活动都搞定。时间拖得越长，转化效果就越差。

粉丝长期卖货群。这类社群的好处是能省掉频繁引流、拉群这些麻烦事，品牌方在社群里不停地输出优质内容，能让粉丝更信任品牌、黏性更强，自然就更愿意下单购买。其中，完美日记就属于电商社群营销的成功典范。2023 年，完美日记官方透露，他们有超过 200 万的私域流量，社群发售在营销中占了很大比重，销量在 8 个月内暴增 50 倍，2022 年其私域转化的年销售额达到 38 亿元。

不过，想运营好长期粉丝群，就要维持社群活跃度和用户关注度，这需要投入不少人力成本。所以，是否长期运营粉丝群，应重点考虑投入产出比是否合理。

（2）社群体验转化

在知识付费领域，用社群来实现从低单价到高单价产品的转化相当常见，现在几乎是必备转化方式。为什么？

早些年，IP 们靠着平台或者 IP 本人的信任背书，容易将知识产品卖出去，特别是百元级的产品，靠文案、视频、直播等方式就能轻松推广。但近几年，知识产品越来越多，市场竞争激烈，想获得用户信任越来越难。

而且知识产品属于非标产品，没有统一的定价标准，导致市场上价格虚高的情况不少。再者，知识产品一般是让用户先付费后享受服务，用户在买之前很难确认内容质量，附带的社群服务质量也不太容易用数据衡量。更有甚者，很多商家收了钱，服务却跟不上。以上这些问题，导致用户对知识付费产品，尤其是高价产品顾虑重重。

那么，怎么获取用户信任，降低他们的决策成本呢？利用社群打造体验，更容易使产品实现从低单价到高单价的转化。

第一步，用户购买的体验品，一般价格门槛被设置得很低，甚至是免费的；第二步，用户进群体验后，能更了解产品或 IP 本人，加上运营人员的引导和沟通，用户心里的担心和疑惑逐步减少；第三步，运营人员通过一系列操作，帮助用户打消顾虑，最后引导用户放心购买高价产品。

（3）社群交付服务

很多知识付费产品都附带社群服务，社群成了产品交付内容的一部分。

如果你对知识付费领域有所了解，就知道普通课程的价格一般从几十元到几百元不等。但要是加上社群服务，包括微信交流群、学员互动群组、助教点评、答疑咨询等，课程的价格往往能翻好几倍，达到千元、万元甚至更高。

知识付费行业做社群，利润率高、成本低、损耗极少，在很多人眼里，这简直就是一本万利的好生意。不过，由于社群产品、交付都很难实现标准化，付费模式很难持续复制，导致规模很难做大。

首先，社群运营交付涉及的细节太多，很难用数据精准评估。其次，交付结果和运营人员的水平、投入程度关系很大，而人和人是有差异的，人力的稳定性比不上产品，不可控因素多，随机性大。最后，想要保证社群持续扩大，需要有源源不断的流量，这一点极难实现。

所以，社群业务"小而美"，但很难实现规模化。用社群进行服务交付，可以享受低成本、高利润的好处，但也要接受规模受限的现实。

（4）社群维护用户关系

有些机构或 IP 为了搞好用户关系，会建立用户专属社群。这类用来维护用户关系的社群，本质上和明星粉丝群差不多，主要为了给用户提供增值服务。通过在社群里不断输出内容、分享动态、与用户互动，机构或 IP 能维护好与用户的关系，提升用户的好感度和忠诚度。

我运营过铁杆用户俱乐部，这一群人变成了我们社群的后盾。他们既帮助我们持续维护社群氛围，又能取代部分全职人员，帮我们节省了一大部分运营成本。不过值得提醒的是，维护这类社群本身需要投入时间和精力，且不直接产生销售成果，需要根据投入产出比考虑是否有必要运营。如果运营，则需要适当控制投入成本。

（5）社群高端资源对接

高端资源社群的门槛大多较高，一些私董会入会需要好几万元甚至几十万元。运营这类社群大多利润超高。就像某头部微商的会员群，一年服务 800 名会员，光靠会费获得的年利润就超千万元。

看起来很美好，但高端资源群的缺点十分突出。第一，它的价格太高，注定很难大量吸收新用户，无法规模化运营。第二，它的运营周期多为一两年，持续时间较长，后续很容易出现运营动力不足，交付变得虎头蛇尾的问题。这又将导致老用户续费动力低，难以持续长期运营。

不过，如果 IP 的影响力和势能特别强，能持续不断地引流拉新，运营高端资源群就能发挥其巨大优势。

阅读完社群的 5 种盈利模式，相信你对于社群运营的重要性已有所了解。那么，作为一个运营人员，如何持续提升运营能力？

2. 不同阶段的学习提升路径

我认识一位 95 后，刚入行时，她每天在社群里机械回复"在的亲""稍等哦"。直到某天，她发现群里的宝妈们总聊"孩子挑食"这一话题，便偷偷做了三件事：（1）把 100 条聊天记录整理成《宝宝挑食问题合集》；（2）私下联系 10 位活跃宝妈做需求调研；（3）说服 IP 推出一套"21 天让孩子爱上吃饭"打卡计划。

结果社群续费率从 20% 飙升到 75%，她也被提拔为运营主管，收入翻了一番。所以，社群运营不是机械回复，而是从用户闲谈里挖金矿。那么，不同阶段的运营人员如何"挖金矿"？

社群运营按难度可以分成基础工作和进阶工作。

基础工作。包括创建并管理 IP 社群，制定合适的群规，引导社群成员积极互动交流等。比如组织读书社群的线上读书分享会时，要提前定好分享主题、邀请嘉宾，活动时引导成员提问、讨论，把社群氛围营造得热热闹闹，提升社群的凝聚力和活跃度。

进阶工作。策划和打造社群产品，包括社群带货、年度社群、训练营，带领团队完成招新、引流、转化和留存等工作，使自己运营、策划、组织、管理、抓关键路径等方面的能力均有所提升。

每个人所处阶段不一样，提升方法的侧重点也不同。

(1) 新人阶段重实战

我遇到过很多学员，书看了不少，理论知识学习了很多，说起话来头头是道。结果真的有机会运营社群时，连跟用户沟通这种基础工作都做不好，写 100 字话术都错漏百出。你会发现，认知和能力是两码事。看书和参加社群学习，能解决一部分认知问题，但"知道"和"做到"之间隔着一条河。

刚接触社群运营的 IP 助理，最需要的不是"纸上谈兵"，更不是高端复杂的商业模型，而是把小事做好，把眼前的工作做到极致，培养信心和能力。比如，每天重复与客户沟通、打磨话术、规划活动流程这些工作，耐心磨炼手艺。

就像学习沟通技巧、提高情商，看一本书可能记住几个方法，但对其中分寸的把握，得靠自己不断琢磨体会。又好比美食菜谱，很难说清少许、少量到底是多少，文火、小火到底指把火开到什么程度，只有自己多动手操作，才能掌握好"火候"。

有一天，我跟一位入行 10 年的发型师聊练手艺，他说："一般刚入行的学徒，前 1～3 年都得练洗头，天天洗。"我很好奇地问："洗头感觉没什么技术含量，真要练这么久才能掌握？"

他回答说："一般男生手粗糙、手指硬，洗头能把手练得灵活柔软。洗头的时候，学徒能更细致地了解头发和头型，比如不同头型各有什么特征，师父怎么处理；不同发质是怎么造成的，处理时要注意什么等。所以，洗头虽然是简单的基本功，但必须从它练起。要是做不到炉火纯青，根本没资格动剪刀。"

"磨刀不误砍柴工"，先把自己的能力打磨好，再去收获成果。运营新手也是这样，想把书本上学到的"认知"变成能力，需要进行大量实战练习。

（2）技能成熟阶段重思维

如果是已经有 1 ~ 3 年经验的"老运营"，想必日常运营工作你都能完成得不错，推广文案写得比行业的平均水平高，各类活动策划也能独立完成得很出色。在这个阶段，我建议别再陷入琐碎小事，而要有意识地抽出时间学习产品、商业模型、战略发展、组织管理等知识。拓宽自己的眼界，提升自己的格局，往更高层次发展。

就像得到 App 背后的运营高手，不会只盯着卖课。他们就像一群充满创意的大厨，根据不同用户的"口味"，精心烹制出听书、讲座、训练营等各种知识"大餐"。上班族没时间看长文，那就提供听书服务；有人想深入学习专业知识，就提供专题训练营。通过构建一站式知识服务平台，得到 App 的营收实现了大飞跃，同时巩固了其在知识付费领域的优势地位。

还有在运动健身圈名声响当当的 Keep，被打造成一个"内容＋社交＋电商"小宇宙。平台通过产出优质内容，把用户吸引进社群，鼓励大家互相分享健身成果，互相鼓励，增强社群黏性。平台还根据用户的健身数据和喜好，精准推送运动装备，完美实现了内容引流、社交留存、电商变现。线上社群运营成熟后，Keep 又开始布局线下运动空间，线上线下联动，影响力越来越大。

好的社群运营，就像开一家永远不打烊的茶馆。有人进来喝茶聊天（日常互动），有人打包茶点带走（即时购买），还有人主动帮你招呼客人（"老带新"裂变）。关键在于，你要让客人觉得这家茶馆的茶值这个价。

我们家附近的商场里，有位卖童装的宝妈创建了自己的社群。她每天在群里发萌娃新款穿搭视频，背景是自己的实体店。她用带着口音的普通话喊："这款适合你家宝宝，好洗好搭配，绝对不费妈！"

我曾特意问她："为什么不请专业运营人员？"她咧嘴一笑："群里绝大部分都是熟人，我知道姐妹们爱听什么、适合买什么。"

你看，社群的本质从来不是高端复杂的模型，而是"懂你的人，愿意为你买单"。不管是刚入行的新手，还是有一定经验的运营老手，都可以把 IP 的社群当成小花园来经营，一点点用心培育和灌溉，一定会开出满园春色。持续学习、不断创新，少点套路、多点真诚，不仅能帮助 IP 提升变现效率，而且能让自己收获温暖和财富。

第四节
拍摄剪辑：帮助 IP 打造高价值人设

在数字化内容爆炸的时代，内容形式已经从单一的文字内容扩展到了图片、音频、视频等多种形式，短视频流量占比超 70%。会拍摄与剪辑的 IP 助理，无疑更受 IP 欢迎。

那么，如何把核心能力从"文字执行"逐步转向"视觉叙事"？本节将提供实战案例＋保姆级模板，帮助你转型为"IP 内容操盘手"。

1.IP 拍摄的逻辑与重点

（1）IP 拍摄的核心目的

IP 需要通过视觉化的内容拉近与受众之间的距离，增强信任感，展示本人的独特魅力。不同的 IP，其拍摄目的各不同，主要包括以下几点。

- 多角度展示 IP 的生活与工作：通过镜头展现 IP 的日常状态、工作场景、兴趣爱好等，让受众更全面地了解 IP。
- 传递 IP 的价值观与个性：通过画面语言传递 IP 的价值观、性格特点和生活态度，塑造一个有血有肉的形象。
- 营造受众向往的氛围：通过拍摄展现 IP 的成功、积极或有趣的一面，让受众产生共鸣，甚至渴望成为像 IP 一样的人。

假设你是一位品牌创始人的助理，创始人 IP 希望塑造他专业的精英形象。你可以拍摄他在办公室开会的场景、与团队讨论项目的画面，以及他在家中阅读或健身的片段。通过这些角度的展示，观众不仅能感受到他的专业能力，还能看到他积极生活的另一面，从而增强对他的信任感和认同感。

(2) IP 拍摄的设备选择

对于日常内容创作，手机已经完全能够满足需求；对于高端内容场景，建议使用专业设备拍摄。

- 90% 日常内容场景：手机＋基础配件（三脚架约 20 元、环形灯约 50 元、领夹麦约 100 元）。
- 10% 高端内容场景：微单相机＋专业套件（专业麦克风＋专业补光灯）。

IP 助理练习拍足 100 条视频，基本就能掌握拍摄技能，应对大部分场景。我个人不建议盲目买设备，要警惕"专业陷阱"。如果确实需要进行专业拍摄，我们还可以预约专业摄影师。

（3）IP 拍摄的构图技巧

构图是拍摄的基础，好的构图能够突出 IP 的主体地位，增强画面的美感。以下是几种常用的构图技巧。

- 三分法则：将画面分为九宫格，将 IP 的主体（如面部或身体）放置在交叉点上，使画面更具平衡感和视觉吸引力。
- 对称构图：适用于正式场合或需要突出庄重感的场景，如访谈、演讲等。
- 引导线构图：利用环境中的线条（如道路、建筑、家具等）引导观众的视线，突出 IP 的主体。
- 留白技巧：适当留白可以增强画面的呼吸感，避免画面过于拥挤，同时突出 IP 的主体地位。

IP 拍摄常用三分法则构图，更有助于突出人物。比如，在图书馆为 IP 拍摄一段视频。我们可以选择在一个书架边拍摄，利用书架营造纵深，将 IP 放置在画面纵向三等分线的中间区域，一侧背景充满文化氛围，一侧背景简洁。这种构图方式不仅突出了 IP 的主体地位，还增强了画面的层次感和故事感（见图 5-4）。

图 5-4　拍摄案例图

（4）IP 拍摄的布光技巧

光线是拍摄的灵魂，合理运用光线可以显著提升画面的质感。尤其是拍摄 IP 时，如果现场光线不足或背光，会导致 IP 的面部显得暗淡。

下面分享几种常见的布光技巧。

- 自然光优先：在室外或光线充足的室内，尽量利用自然光拍摄。自然光柔和且真实，能够展现 IP 最自然的状态。
- 避免逆光拍摄：逆光会导致 IP 的面部暗淡，影响观感。如果无法避免逆光，可以使用反光板或补光灯进行补光。
- 人工光辅助：在室内拍摄时，可以使用柔光灯或环形灯，确保 IP 的面部光线均匀，避免阴影过重。
- 营造氛围光：通过调整光线的色温和强度，营造不同的氛围。例如，暖色调的光线可以营造温馨感，冷色调的光线则适合科技感场景或正式场合。

（5）IP 拍摄的场景选择

IP 拍摄有多种场景。

- 生活场景：拍摄 IP 的日常生活，如早晨的咖啡时间、健身时刻、家庭聚会等，展现 IP 的亲和力和真实感。
- 工作场景：拍摄 IP 的工作状态，如会议、创作、演讲等，突出 IP 的专业性和敬业精神。
- 户外场景：利用自然风光或城市街景作为背景，增强画面的视觉冲击力和故事感。

可以根据 IP 的个人定位，选择适合的场景。小红书上一位拍摄乡村生活的博主，早期视频数据惨淡，直到她采用了 "3+1 拍摄法"。

- 冲突开场：突发状况（如暴雨、迷路）抓眼球。
- 过程特写：用磨破的鞋、颤抖的手增强真实感。
- 价值收尾：整理行囊时总结人生金句。
- 1 个剪辑心机：弱化背景音乐，用环境原声强化沉浸感。

调整拍摄和剪辑策略后，她单条视频的点赞量从 200 飙升至 5 万，IP 广告报价涨了 10 倍。这位博主的案例证明，精准的拍摄是成功的基础，但要让内容真正爆火，还需要剪辑的加持。

2.IP 剪辑的逻辑与技巧

（1）剪辑的核心逻辑

拍摄是内容的骨架，剪辑是灵魂的注入。这里分享一条优秀 IP 助理的剪辑哲学：剪掉所有"正确的废话"，留下让用户"忍不住截图转发"的 3 秒高光。

掌握拍摄技巧后，如何通过剪辑让素材产生化学反应？须遵循三个核心逻辑。

- 节奏引擎：用剪辑控制用户注意力（如抖音视频前 3 秒必现高潮）。
- 情绪杠杆：通过音乐、特效放大 IP 人设魅力。
- 信息锚点：用字幕、重点标注强化用户记忆。

例如，为美食博主剪辑一段烹饪视频。在剪辑过程中，可以通过快进和慢动作的结合，突出博主烹饪的关键步骤，同时添加生动的字幕和背景音乐，增强视频的节奏感和趣味性。

（2）常用剪辑软件

剪辑工具五花八门，新手无从下手怎么办？其实工具并不是越多越好，也不是越高级越好，我们根据实际的需求选择适合的工具即可。下面我推荐几种常用的工具。

- 剪映：适合初学者，操作简单，功能齐全，支持手机和电脑端使用。我个人的日常口播类视频，不需要花哨的后期，基本上用剪映就能快速搞定。
- Adobe Premiere：专业级剪辑软件，适合复杂项目的剪辑和后期处理。如果为博主剪辑一段时装秀的幕后花絮视频，由于素材量较大，推荐使用 Adobe Premiere 进行剪辑。如果学有余力，可以再试试 Adobe Audition，功能更全也更专业。
- Final Cut Pro：苹果用户常用的专业剪辑软件，功能强大，适合高质量视频制作。像一些名人访谈类的视频、品牌方的产品推广视频，需要用到 Final Cut Pro 这类专业工具。

（3）不同场景的剪辑

播客剪辑

- 音频处理：确保音频清晰，去除杂音，适当添加背景音乐增强氛围。
- 节奏控制：通过剪辑，控制播客的节奏，避免冗长乏味，突出重点内容。
- 分段处理：将播客内容分为多个段落，方便观众快速找到感兴趣的部分。

准备录制前，可以用另一台设备打开讯飞的录音功能，这样后期转文字比较方便。在生成的文字稿上，结合大纲，标注重要时间节点，方便剪辑的时候定位内容，毕竟阅读文字可以一目十行，而音频即使开到 2 倍速，信息获取效率还是比文字低。

录音过程中，受设备、网络或者嘉宾影响，收音可能时大时小，导致呈现的音量忽高忽低，对听众很不友好。后期剪辑的时候要留意这个问题，可以用 REAPER 这种专业的播客剪辑软件调整，也可以在常见的剪辑软件里一帧帧地手动调整。

Vlog 视频剪辑

- 转场效果：巧妙运用渐变、缩放、旋转等转场效果，连接不同的场景片段，使视频流畅自然。
- 字幕与音乐：添加生动有趣的字幕，介绍景点或事件，配上契合氛围的音乐，增强视频的吸引力。
- 节奏把控：通过剪辑，控制视频的节奏，避免画面过于平淡或跳跃。

由于现在短视频、长视频的平台多种多样，剪视频的时候也要考虑到与平台的适配度。B 站更适合横屏长视频，抖音、小红书适合竖屏短视频，这就要求剪辑的时候考虑到内容的节奏。

以抖音为例，短视频平台讲究"短、平、快"，细耕了开头的"黄金 3 秒"，就等于抓住了用户的眼睛，还要尽量在 15 秒或 1 分钟之内传达你的核心思想。如果想展开更多的细节，建议将视频时长设在 1 分钟以上，最好同时配字幕。文字 + 声音的双重信息冲击，能让用户迅速接收到我们想传播的信息。

口播类视频剪辑

- 镜头切换：从不同的角度切换镜头，可以避免单一镜头带来的单调感。
- 字幕与特效：添加字幕和简单的特效，突出重点内容，优化观众的观看体验。
- 背景音乐：选择与口播内容契合的背景音乐，增强视频的氛围感。

访谈内容剪辑

- 机位剪辑：如果有条件，可以使用多机位拍摄，通过剪辑切换不同角度，增强访谈的互动感。
- 重点突出：通过剪辑突出访谈中的关键点，适当添加字幕或特效，帮助观众更好地理解内容。
- 节奏把控：通过剪辑控制访谈的节奏，避免冗长或拖沓。

我曾经受导演邀请拍摄一段关于创业经验的访谈视频。在剪辑过程中，我发现他们使用了多机位素材，通过镜头切换增强了访谈的互动感。同时，通过剪辑突出了访谈中的关键点，并添加了字幕和特效，帮助观众更好地理解内容。这段访谈视频，在社交媒体上获得了很多观众的好评。

3. 剪辑工作中的重点要点

（1）理解 IP 的定位与需求

了解 IP 的核心价值观、目标受众和内容风格，确保拍摄和剪辑的内容与 IP 的定位一致。从 IP 人设到 IP 在各个平台产出的内容，再到周边商品，如果风格不一致，就会让受众产生巨大的割裂感，这可能会对 IP 产生负面影响。

如图 5-5 所示，视频封面采用不同字体，带来的效果不同。一个视频封面用了没有任何装饰的黑体字，整体感觉比较严肃。而另一个视频封面用的是偏手写体的字样，显得很活泼轻松。

图 5-5　视频封面不同字体对比

（2）提升审美与创新能力

IP 助理要多观看优秀的视频作品，学习其中的拍摄和剪辑技巧，通过头脑风暴和团队协作，提出创新性的拍摄和剪辑方案。

（3）掌握时间管理与协作能力

在拍摄和剪辑过程中，合理安排时间，确保项目按时完成；懂得与摄影师、剪辑师等团队成员密切协作，确保项目顺利进行。比如，为知名作家制作一段关于新书发布的宣传视频，在项目开始前，IP 助理需要制订详细的时间计划，并对摄影师和剪辑师进行明确的分工安排。在项目进行过程中，IP 助理要与团队成员保持密切的沟通和协作，按时完成视频的拍摄和剪辑工作。

IP 助理的终极竞争力，不是仅输出内容，而是用文字、声音和镜头讲出值钱的故事。

chapter **6**

第六章

从助理到合伙人的跃迁之路

第一节
三点法做好个人定位，1 年顶 3 年

职场中普遍存在一个现象：有的人早就认清了目标，而有的人用半生寻找方向。

那么，如何让自己找准定位，在人生中加速冲刺？所有高手定位都暗藏一套 GPS 逻辑：G（Goal，愿景展望）→ P（Path，路径倒推）→ S（Skill，靶向拆解）。

1. 展望法

展望未来，你想要成为什么样的人，过上怎样的生活，挣多少钱，达到何种状态？

30 岁之前，我渴望暴富；30 岁那年，我的"暴富梦"被彻底击碎。在北京见到一群行业顶尖新媒体人时，我震惊地发现，最年轻的 00 后凌晨 3 点还在追热点，40 岁的行业专家每天坚持读 3 小时财报。

是庸碌无为地过完这一生，还是用努力换取精彩？短暂的犹豫之后，我发现自己内心无比渴望在几年之后，能成为和他们一样优秀的人。那么，未来的路到底该如何走？

我不再幻想一夜暴富，而是重新展望了五年后期望的生活状态——成为细分领域不可替代的专家。

坚定了目标后，你会感觉意志在驱动着身体前行。

有一段时间，我每天要写作、运营社群、做项目策划、管理和带领团队，还要负责 IP 各种琐碎商务的沟通。如此忙碌的状态下，我非但没觉得疲惫，反而感觉每天都过得热气腾腾，有一种时光不被虚度的快乐。

所以当朋友问起我为什么周末还要加班的时候，我体会到了一种久违的诧异，因为我自己从来不觉得这是在"加班"。原来在不知不觉中，我已经适应了这种状态，甚至享受忙碌充实的日子。

那么，你到底渴望什么样的生活，渴望什么样的生命状态？

我有个朋友是一位顶流博主，很多人羡慕她年入千万元、人前闪闪发光。有次我跟着她连续工作了 18 小时——从凌晨脚本打磨，到片场持续拍摄，晚上依旧要情绪饱满地回答用户疑问。我问她："这么累值得吗？"她反问："没有人是容易的，如果人生有机会做好一件事，你愿意为它拼尽全力吗？"

所以，不要只羡慕别人一年挣百万、千万元，而要找一个你发自内心欣赏的人，看他的状态是不是自己想要的。只有你真正渴望，才会爆发出强大的内驱力。

2. 倒推法

锚定目标后的某一天，我无意中翻到了自己 2017 年发的朋友圈内容——我许下了"要成为垂直领域最有价值的运营"的宏愿。我感慨万千，原来自己越来越接近理想的目标了。

制定了目标，到底如何一步步实现？以 5 年成为运营总监这一目标为例，可以使用倒推法帮助自己规划路径。

第一年：大学毕业，进入公司运营岗位，学习基本运营知识，为后续工作打下基础。

第二年：熟悉工作流程，培养专项能力，如文案能力、活动策划能力等，努力晋升为小组长或负责小项目。

第三年：能出色地带领小组完成常规工作，进一步提升管理和组织规划能力，向运营经理级别冲刺。

第四年：具备独立运营项目的能力，为自己积累经验和"战绩"，积累拿得出手的行业案例。

第五年：建立战略思维，深度理解和运营商业模型，管理和构建整家公司的运营体系。

通过倒推，我们可以将目标分解成具体的任务和行动，明确每年、每月甚至每天需要做什么。例如，想要实现月薪 5 万元的目标，就要倒推每年需要达到怎样的业绩水平，再分解到每个季度、每个月。这样可以避免空有目标而没有路径，不至于时间一长人就丧失行动力。

很多人无法实现既定目标，并不是目标太高，而是缺乏合理、可行的路径。比如明明想做管理者，但关于管理的书籍、课程都没有看，在日常工作中也没有思考过"如何做好自我管理，如何与团队协作，如何更好地激励团队"。一两年过去了，发现自己长板不够突出，短板也没有补全，年龄增长了，收入却几乎没涨。

所以，我们建立目标之后，要用倒推的思维，清晰地规划自己每年、每个月甚至每天需要完成的任务。

再以跑步为例。一位跑步爱好者朋友希望在一年内达到专业运动员的水平。通过倒推，他制订了详细的跑步计划，比如每天早起跑步 30 分钟，每个周末集中加强训练 2～3 小时。通过不断地积累跑量，他逐渐提升到了理想的跑步水平。

这里我想分享关于"跑量"的概念。在跑步的领域里，不同的跑量对应着不同的水平。比如，一年跑 500～1000 公里的人，属于普通的跑步爱好者；一年跑 1000～2000 公里的人，属于入门级别的跑者；一年跑 3000 公里以上，可以达到成熟专业跑者的水平；狂热跑者则能保持一年 4000 公里以上的跑量。一个人如果想成为入门级跑步选手，一年足够；想要成为专业的跑者，可能需要三年五载；想要成为卓越的跑者，或许需要花半生的时间。

如果不善于制订计划，也不善于按照既定计划去执行，那么可以试试我在第四章里提到的时间管理法、周计划表等方法。

有人可能会认为，达成目标需要太长时间。可是，即使路线图再完美，也需要一步一步用脚步丈量，才能看到终点的风景。请对目标多一分渴望，对未来多一点信心，对自己多一点耐心。

3. 拆解法

有了目标、有了规划，但"路漫漫其修远兮"，我们在途中感到迷茫怎么办？

我们可以寻找多位自己欣赏的目标对象，比如自己的老板、身边的朋友、行业 IP 等，从不同方面拆解目标对象的优势，如知识技能、思维方式、行为习惯等，刻意学习和模仿，把他们当成前进路上的一盏盏路灯。

在人生中很多的犹豫时刻，罗辑思维的 CEO 脱不花的勇敢，就在冥冥之中激励着我。脱不花在二十几岁时，还是无名之辈。有一天，她路过酒店，听到一位老师讲课，她驻足听入了迷，老师演讲结束后她就冲到跟前，大胆提出约老师讲公开课的想法，即使那时她还没有学员、没有场地。结果，事情最后真的办成了！

每次胆怯时，我都会对自己说："勇敢一点，干起来再说。"用鲁莽定律开局，用迭代思维优化，很多事做着做着就成了。

又如，在斯斯身上，我看到了她的高情商。她讲话做事周到，能够敏锐地察觉别人的感受，善于处理人际关系。她说："要相信自己，每个人都有处理好关系的能力。关系是流动和变化的，今天可能不好，但明天也许可以变好。"这些话让我开始尝试主动打破一些关系僵局，重建和改变了重要的关系。

拆解法，主打一个"缺什么补什么"，补齐自己缺乏的技能或特质。通过拆解喜欢和欣赏的对象，刻意学习和模仿，我们可以逐步提升个人综合实力。

从 IP 助理起步，一路奋斗成为 IP 合伙人，需要投入的时间和精力很难用具体的数字来形容。找目标、做定位、拆优势，至少能确保我们少走弯路。在这个过程中，我们肯定会碰上各种难题，但只要信念足够坚定，持续学习和实践，就没有办不成的事。

平凡的人把人生过得一成不变，高手把 1 年活出 3 年的长度。当你真正意识到要重塑自己的定位时，时间才会真正为你所用。

第二节
从 1 万元到 5 万元：
高薪助理的 3 块筑城基石

有的助理只能打杂，有的助理却成了 IP 的左膀右臂；同样是助理，有的月薪 1 万元，有的月薪超过 5 万元，为何差距如此悬殊？不仅众多 IP 助理想知道自己的工作到底值多少钱，很多 IP 朋友们也为给助理定多少薪资而发愁。

过去几年，我接触了近百位 IP 和 IP 助理，发现了薪资分水岭背后的能力差异。我将结合大量观察与总结，为大家详细拆解 1 万元、2 万元、5 万元三个薪资段[①]的核心能力模型，助你找到职场跃迁的破局点。

---

① IP 助理的薪资水平会受 IP 体量、市场环境等因素的影响而有所浮动，此处以该薪资水平为例，说明初阶、中阶及高阶 IP 助理须具备的能力。——编者注

1. 月薪 1 万元左右：基础能力达标者的薪酬水平

目前，大部分全职 IP 助理的月薪平均在 1 万元左右，要达到这个薪资水平，需要具备以下能力。

（1）能够顺畅沟通

我带过不少新人，有的理解不了工作目标，回消息超慢，催了才应付；有的收到任务回个"1"或"我不会"；还有的跟用户沟通时甚至说对方"奇葩"，这些都是沟通能力差的表现，这样的助理很难达到 1 万元的薪资水平。

能准确理解对方意思并及时回复，这已让你超过多数人。IP 助理在沟通中，要注意彼此的关系，保持礼貌和尊重，不让 IP 觉得交流费劲，不得罪用户，差不多就能达到 70 分。

（2）具备职场情商

职场情商并不复杂，简言之就是懂得换位思考，能适当考虑对方的感受和舒适度。比如团队吃饭时，不抢 IP 的座位（我真遇到过抢座位的）；开会时不吃零食、不玩手机；乘电梯时懂得让 IP

先进先出；在休息时间非紧急情况不打扰（一般为早 10 点前，晚 10 点后）；得到 IP 夸赞后懂得感谢；做错事诚恳道歉。

如果 IP 助理能进一步体谅 IP 的工作，那就更棒了，比如 IP 刚刚完成拍摄、很累时，不要只顾着催促 IP 工作，而是先关心、倒杯热水，等 IP 休息好再汇报。IP 要持续高强度地输出内容并面对大量用户，压力巨大。把 IP 当成活生生的人来爱护，而不是当成工作机器，你就具备了基本的职场情商。

(3) 基本的文案、运营、剪辑、拍摄能力

想拿 1 万元月薪，下面这几项能力掌握 1~2 个即可。

文案能力：能整理选题、搜集素材、做好排版编辑，文案能力基本合格。

运营社群：能写好群规、规划群流程、维护群氛围、做好初步数据表格，就能得 70 分。

私域运营：能每周制定朋友圈内容规划表，收集营销素材，每天写 3~5 条逻辑清晰、语法正确、用户能看懂的朋友圈文案，也能拿 70 分。

拍摄或剪辑：能拍出角度、光线、构图正常的图，筛选掉丑照，

给 IP 简单美颜，保证图片清晰干净，剪辑有逻辑、有重点，字幕不出错，同样能有 70 分。

（4）具备学习意识和能力

IP 行业变化迅速，内容、运营、商务等各方面都在变。这要求 IP 助理有基本学习能力，即愿意学、学得会。助理心态要开放，遇到变化能及时调整、跟上节奏，别抱怨"这事儿没做过，怎么又变了？太难了！"学习能力既体现在"拥抱变化"的态度上，也侧面反映了耐挫力。

（5）听话照做，执行力强

几乎所有 IP 都喜欢执行力强的助理。即便 IP 鼓励下级表达想法，最终还是希望他的决策能顺利执行。我做合伙人时，有时也不理解老板的决定，但仍支持并执行，带领团队落实。自己创业后，我更深刻地理解了这一点，很多决策的对错因角度、决策者位置而异，有些则需要在执行中验证。

执行力分浅层和深层，浅层是"听话照做"，老板说什么做什么；

深层是"达成目标"，在执行中灵活调整，帮 IP 达成最终效果。刚做 IP 助理时，至少要执行到位，顺利推行 IP 的策略和决策，帮其节省时间和精力。

当基础能力达标后，助理会面临第一个职业天花板：如何从"执行者"进阶为"共创者"？

2. 月薪 2 万元左右：能力进阶与专项加持的回报

月薪 1 万元靠基础能力，月薪 2 万元则需能力升维：完成从"单项达标"到"专项精进 + 团队赋能"的跃迁。

(1) 基本功更全面

能给 2 万元月薪，说明 IP 有一定体量，粉丝量、影响力、赚钱能力不错，大概率进入了 IP2.0 阶段，甚至 3.0 阶段。这个阶段的 IP，因为大众对他的要求会更高，所以不允许自己犯错误，对于助理的要求可能达到 80 分、90 分。而且这个阶段的 IP 能开出高薪，在招助理时可以有更多选择。

所以，想拿到 2 万元月薪，IP 助理就要努力提升自己，至少基本功过硬，沟通让人舒服，情商高，能做好基本工作，还能提供好的情绪体验。

（2）有专项特长

对比月薪 1 万元的 IP 助理，月薪 2 万元的 IP 助理在专项特长方面的要求有所提升。

负责文案撰写：能写朋友圈文案，还能帮 IP 打造爆款视频、设计爆款选题，撰写初步框架和文稿。即便文案不能直接用，也能帮 IP 节省时间。

负责社群运营：能梳理出整套运营 SOP，独立运营项目。

从 1 万元到 2 万元，IP 助理要有扎实的基本功，且有一两项突出能力，能达到 90 分水准；做事水平接近 IP 本人，能让 IP 放心，输出成果基本上能直接用。像我的助理营里，有学员因为英文口语好，给英文赛道的 IP 工作，直接拿到 2 万～ 3 万元的月薪；还有学员工作第三个月就月入 3 万元，因为她能帮 IP 做发售，完成整个项目的文案，辅助运营和转化工作，还能拍摄、剪辑营销素材。

可以说，月薪 2 万元的 IP 助理是"独当一面的专家"。

（3）辅助 IP 管团队、搞业务

月薪 2 万元的 IP 助理有自己的完善工作系统，团队有新人、新项目时，能辅助 IP 带领团队开展业务。比如 IP 举办发售活动，助理知道何时提醒，能带领大家高效做事，并做好 IP 与其他员工的沟通桥梁，把 IP 的决策解释给团队成员。

要想拿到高薪，IP 助理不能只是打杂，而要有直接产出。产出越多，收入越高。有 IP 找我帮忙招人，希望助理能做销售方案，愿意出 3 万元月薪，前提是助理能为业务带来产出。由此可见，能帮 IP 赚钱的助理更容易拿到高薪。

3. 月薪 5 万元左右：独当一面的高阶助理的价值体现

月薪 5 万元以上，在 IP 助理中属于佼佼者，这意味着你要成为"业务生态的操盘手"。这一阶段，助理不再是被动执行者，而是 IP 商业版图中不可或缺的战略伙伴。

（1）跟随的 IP 业务出色

有个助理营的老同学，他跟随的 IP 年业务量在 100 万~150 万元，且短期内没有爆发增长迹象；他自身能力也没强到能撑起业务，却给自己定下 50 万元年薪的目标，这几乎不可能实现。

如何才能实现月薪 5 万元？除了能力过硬，还有限制条件——IP 的业务年收入至少 500 万元。如果 IP 年收入只在 100 万~200 万元，他就不太可能给助理每月 5 万元的薪资。

当然，大 IP 对助理能力要求更高，一般不招新手当助理。新手可以先从兼职干起，因为兼职要求相对较低，之后再慢慢转全职，一步步晋升；或先跟着粉丝量级小的 IP 积累经验，若 IP 发展得好，自己也能成长。像我起初跟粥老师合作时，他只有十几万名粉丝，经过几年时间，粉丝数就涨到了 100 多万，我也成了百万粉丝 IP 的合伙人。

（2）单点能力超级强

有个公众号"大 V"的助理，靠超强的内容能力，月收入很快超过了 5 万元。她跟随的 IP 有千万名粉丝，而她每天都能接触到新鲜的爆款选题，且熟悉 IP 的行文风格和结构，写出的文章跟 IP 本人的作品难以区分。

在 IP 行业中，能力是硬通货。只有不断提升自己，才能赢得更高的薪资和更多的机会。

（3）能独当一面地负责业务

达到月薪 5 万元这个层级的助理，有两种路径：一种是某项技能特别突出，难以被替代；另一种是走管理路线，能独当一面，带领团队做出业绩。像我擅长搭建、开发、运营社群，可以从 0 到 1 全程负责，实现了收入的大幅增长。

月薪 1 万元靠"手脚勤快"，月薪 2 万元靠"技能成熟"，月薪 5 万元靠"业绩碾压"。想成为月薪 5 万元的 IP 助理，靠单一维度的能力是不够的，而要实现技能、与 IP 的关系、业绩实力的全方位提升。

很多刚入行的助理喜欢问我：IP 助理的工资一般是多少？IP 助理的薪资天花板，从不由行业均值决定，而取决于你的能力边界。

如果你已经成为 IP 助理，那么要审视自身的优势与不足，明确自己目前所处的薪资层级，而后制订清晰的提升计划。利用做 IP 助理的契机，逐一打磨各项基本功，从 60 分提升到 70 分，再到 80 分，逐步为自己开拓广阔的职业前景。这场职场跃迁的本质，是用系统性的能力构筑护城河，是从"工具型助理"到"战略型合伙人"的跨越。当你的价值从"可替代"变为"不可复制"时，月薪 5 万元不过是水到渠成。高薪的背后，永远是对稀缺能力的定价。

第三节
打工即创业：借力打力的游戏

职场最大的误区在于将"打工"与"创业"割裂。真正的高手早已将每份工作视为个人商业体验，用"借力打力"的思维，把职场当成修炼场，借此实现自我成长与财富积累。

1. 我们到底为什么工作

每个人工作的目的和意义都不一样。有人想有个稳定工作，拿到工资养活自己；有人想每个月多赚 5000 元、10 000 元，提高生活质量；还有人则有更高的追求，渴求干出一番事业。打工和创业有着三重获益模式：获取收益—获取成长—获取资源。

（1）获取收益

我最初的目标非常明确：挣钱。月入 3000 元时，我无法送儿子上兴趣培训班，每次只敢让儿子上试听课，在下课之前以忙为理由，强行把儿子带走，就因为害怕培训老师让我买课。

单身一人时，日常生活所需用品都能凑合；成为母亲后，力所能及之处，总是希望给孩子更好的。为了多挣钱，我定了月薪从 3000 元涨到 10 000 元的目标，确定了明确的路径，每天下班回家安抚好儿子，就开始学习各种技能。

成为 IP 助理之后，我的收入水涨船高，经济条件逐步改善，我再也不用担心交不起培训费。不仅仅是生活条件，我的思考方式、为人处世以及认知都在发生改变，我开始更多地思考如何制定战略、带领团队前进，如何打开格局、让身边人更好，以及如何帮助更多人做出更大的事业。

长远来看，工资是公司为买你此刻的劳动能力而支付的成本，成长才是你给自己发的未来期权。所以，在工作中不能只看眼前的金钱收益，还要考虑如何获取未来收益——成长。

（2）获取成长

1998 年，彼时的刘强东在北京中关村租用了一个 4 平方米的摊位，创立"京东多媒体"。当时商户竞争激烈，产品同质化严重。刘强东一边做销售，一边悄悄完成了三件事。

第一，物流观察。他坚持"柜台自提 + 免费送货"模式，通过送货积累运输经验。早期员工回忆："送货时被要求记录不同大厦电梯的等待时间。"通过避开下午 4 点写字楼电梯使用的高峰时段，单日配送效率显著提升。

第二，价值管理。他每天手工抄录中关村三大电子市场的报价单，建立比价体系。由此，他在一定程度上预判了 2001 年内存条价格暴跌，并通过缩减库存减小了损失。

第三，精细化客户服务。他要求员工记录客户需求，特别关注机关单位采购周期。这些数据使京东复购率比中关村大多数企业更高。

2003 年，当其他商户对着空荡的柜台发愁时，刘强东翻开那些泛黄的笔记本，在 CD-R 刻录盘的订单里，看见了未来京东的

　　　　　　　　　　　从 IP 助理到合伙人

商业雏形。刘强东认为，真正的创业者，会把别人的生产线变成自己的训练场。你在打工时攒下的不是工资，而是未来的商业图纸。[①]

每一天的努力，都是为更好的未来添砖加瓦。找工作也一样，不仅要看今天的收益，也要看成长性，有成长才有未来。

（3）获取资源

毛戈平最初是越剧演员，因变声期接不到工作，不得不转行做戏剧化妆师，从助理做起。他在《杨乃武与小白菜》剧组担任化妆助理时，剧组条件艰苦，化妆工具也非常有限，但他还是一有时间就钻研角色妆发。一次，原定化妆师缺席，毛戈平抓住机会为陶慧敏试妆，从眉眼到唇色都精心描绘，呈现出的妆容完美契合角色，大获导演和制片人认可。后来他负责刘晓庆在《武则天》中从少女到老年的妆容，因此名声大噪，成为影视和美妆界的 IP 符号。

关于"打工"这件事，互联网上有一个流行的概念——当"牛

---

① 以上部分内容出自《创京东：刘强东亲述创业之路》。

马"。网友们把自己比作"当牛做马"里的"牛马",以调侃自己工作的不易。工作确实累,但还是那句话,我们真的要好好想想,自己上班、打工是为了什么?真的只是为了每个月挣固定的工资吗?有没有可能再往上走走,再向远处看看呢?

工作,可以是谋生的工具,也可以成为通往更广阔世界的桥梁。不管在什么行业,我们都可以通过"助理"这个跳板去更高的地方,见到不一样的风景。

2. 如何减少情绪内耗

当目标遭遇现实阻力时,大多数人会被情绪黑洞吞噬。

调研显示,近九成职场人被困在"工具人陷阱"中:八成精力用来处理简单的"重复劳动",只有两成精力被投入使自己能力增值的劳动中。从时间复利的角度来看,这意味着工作几年之后,你综合能力的增长并不明显。很多人工作多年,感觉不到自己的明显变化,容易产生疲惫、懈怠、自我怀疑的情绪。

为何人们会陷入情绪内耗?不是因为自我意识突然变强了,而是因为做了一堆事情,却没得到想要的成果,也没得到期待中的正面回应，在这个过程中不停地消耗自己的精气神。

我有些朋友，住着父母的房子，买了辆代步车，周末去郊外兜风，回家就追追剧。虽然收入不高，但他们的生活过得有滋有味。

我问他们："这样的生活不觉得无聊吗？"他们几乎都认为，闲暇时约朋友小聚，每个周末都能出去逛逛，逍遥得很。一个人如果就想歇着，晒晒太阳也挺幸福，并不会被情绪内耗纠缠。于我而言，我却无法享受这样的生活，所以一门心思地往前冲，也并不觉得累。

最容易产生内耗、焦虑情绪的人，无非是渴望在事业上拼搏一把，却没什么起色，想要的得不到；想放弃拼搏，又不甘心，在中间纠结横跳，情绪上就容易出问题。

工作到底是为了什么，生活又是为了什么？虽然每个人的路径不一样，但终归是为了追求自己心目中美好的人生目标。可是进入职场后，大家很容易把目标弄丢，跟同事、领导、下属闹矛盾，接着就陷入了情绪内耗。

知道了情绪内耗是怎么回事，也知道了它的坏处，我们应该如何调整情绪？

首先要调整心态，积极沟通。

工作只是让生活变好的一种手段，变好的生活才是我们真正的目标。别太把别人的评价当回事，个人价值并不是单以某个人、某件事就能下定论的。如果努力工作没得到好的反馈，那么要学会自己给自己打气，对自己说"我真的好棒"。

比如，IP 安排了工作，你心里认为不合理，但只是抱怨、逃避是没用的，不但解决不了实际问题，还会让自己更生气、更无奈、更焦虑。不如主动跟 IP 沟通，一起找到更好的解决办法。

其次要自我疏导，休息放松。

我曾有很长一段时间超负荷工作，甚至连正常假期都不敢休息，害怕耽误工作。忽然听闻一位高管朋友，因长年超负荷劳作患上了严重的抑郁症。我不由得心里一惊，意识到即使是非常厉害的人，也需要适当的放松。

在产后情绪很低落的阶段，我尝试了很多释放情绪的方法，比如做手绘、练书法、看电影、健身等。健身对于提升能量效果尤其明显，有科学测试结果称：人在做开合跳的时候，身体会产生内啡肽，能让心情变好，缓解焦虑和沮丧情绪。

心情不好的时候，我试过连续做 20 个开合跳，发现嘴角会很神奇地自然往上翘，跳着跳着有轻微缺氧的感觉；等跳完之后，身体会有一种被重启的快感。情绪难以靠压抑消除，但可以尝试用生理机制覆盖。

最后要转移注意力，去做自己喜欢的事。

有人说，双手创造有形之物时，心灵会自动清理无形之乱。如果你实在感到焦虑，可以尝试去做一些喜欢的事。比如，我喜欢通过跟朋友一起去定制旗袍的方式缓解焦虑。每次抚摸布料纤维的瞬间，焦虑就像抽丝般从指缝溜走。

当生活或工作中烦心事接踵而至时，我们不妨转移注意力，投身于自己热爱的事情，让自己沉浸于快乐中。比如，陪伴孩子时感受他们的纯真、练字时沉浸于笔墨的韵味、看画展时领略艺术的魅力、逛街时享受挑选的乐趣、与闺蜜喝茶聊天时分享生活点滴、喝酒吃串时畅所欲言……这些零散的热爱，是从生活的裂缝里透进来的光。

而工作何尝不是另一种修行？那些被方案磨炼出的耐力、被数据训练出的敏锐、被"截止日期"捶打的韧性，都在默默重塑着我们的生命质地。

所以，无论是为挣钱咬牙、为成长死磕，还是为自我实现燃烧，请相信：所有你咬牙坚持的时刻，终将成为穿越荒原时的星光；所有你深夜打磨的技能，终会变成破局时刻的底牌。

第四节
从"修技能"到"处关系"，
从助理到合伙人

在职场中，技能和关系究竟哪个更重要？这个问题困扰着无数职场人。有人认为技能是立身之本，有人则坚信关系决定成败。但事实上，技能和关系并非对立，而是相辅相成的。

本节将探讨如何在不同职业阶段，找到提升的重点，从助理一步步晋升为合伙人。

1. 新手 IP 助理——修技能最有效

在学校时，我们的核心任务是跟着老师的节奏学习，抓住知识重点来考高分。成绩顶尖的同学，往往能拿到名牌大学的录取通知书。进入职场后，规则发生了根本性改变，我们的目标从考高分转变为高效完成任务，用自己的技能为老板解决问题，以此来换取报酬。

在职场发展初期，修炼技能是解决问题最直接有效的方法。因为如果缺乏经验、技能，即使认识业内专家，没有解决问题的能力，也难以获得信任。此时，要做到少说、多看、多做事，努力提升自身能力。比如 IP 助理，首先要写好朋友圈文案、拍好照片、掌握基础的剪辑技能。

当拥有一两项拿得出手的技能后，你就完成了从学生到职场新人的转变，可以向上进阶了。如果在此处停滞不前，满足于成为一个熟练的"技术工"，就容易陷入成长瓶颈。比如，你会发现自己做了很多工作，老板却看不到；不如同龄人发展得好，逐渐失去动力。

这时候就要学习新的"游戏规则"，从新手的"浅水区"走向老手的"深水区"，从"靠一项技能"走向"修人际关系"，这样才能更适配职场，成为团队信赖的人，一起分享团队发展的成果。

2. 从助理到 IP 信任的人——修关系晋升快

在职场中，靠自己从 50 分提高到 70 分不难，但是从 70 分到 90 分，就很难一个人完成。你会发现无论怎么做，好像都只是让绩效数据更好看了一点，工作本身没有质的改变。我把这种现象叫作"70 分瓶颈"，原因主要有三点。

第一，技能达到七八十分后，想要更进一步，离不开专业指导。我曾遇到一位剪辑师，在技能达到 70 分后陷入了瓶颈。尽管他努力自学，却始终无法突破。直到 IP 亲自指导，他才发现自己的剪辑节奏和镜头语言存在问题。听取专业反馈和刻意练习后，他的技能迅速提升到 90 分。

精进技能需要完成"学习—刻意练习—专业反馈"的闭环，但因为自身经验和资历有限，容易存在视角盲区。即便是技术专家，早期也都需要行业前辈的指引。就像专业运动员的个人能力虽强，但是看不到自己的动作，需要经验丰富的教练仔细分析每个动作，然后给出专业调整建议。

如果我们与 IP 关系良好，他会更愿意分享经验、知识，助力我们提升。

第二，想要做成一些事情，需要实战练手的机会。像我刚入行时并不懂销售，但带领团队做销售转化项目的那几年，我的销售能力大幅提升。起初我的执行方案并不完美，幸亏同事们愿意尝试配合，和我一起不断迭代优化，最后才积累了漂亮的业绩。

第三，在职场中获得的成果如何，大多取决于你能得到资源的多寡。就像在广告投放中，"投量"很大程度上决定了投手的成长速度。

"投量"即投放量，它的概念跟"跑量"类似。有的投手能负责投量过亿的项目，有的只能尝试百万级项目。哪怕后者更聪明勤奋，因缺乏足够的资源，也难以与投量是其 100 倍的投手竞争。

总而言之，想要在职场中拿到成果，需要大量资源来支撑实践。换位思考一下，假如我们是老板，肯定愿意给身边更值得信任的人以机会和资源。所以，所谓的"向上管理"并不是去奉承老板，而是在做好本职工作的基础上，向老板传达积极的信号，展示出靠近的意愿，争取做事的机会。如果你跟 IP 关系亲近，且主动表达了向上的意向，IP 多半愿意给你一些练手机会。

因此，在提升技能的同时，我们也要兼顾对关系的培养。建立良好的关系是职场进阶的重要一步，尤其是 IP 助理进阶的必修课。进入"深水区"后，我们不仅要关注技能问题，更要关注人与人的关系，寻求更多的帮助和资源支持。

3. 如何处理好与 IP 和团队的关系

许多年轻人只专注于技能提升，却忽略了团队合作的重要性。单打独斗只能让你成为体系中的普通节点，难以晋升。当我们从新手助理成长为 IP 信任的人时，便来到了职业发展的关键转折点——向合伙人迈进。

要想成功晋升，就一定要跟 IP 及团队处理好关系。这不仅需要高情商，更需要策略和方法。以下三点建议，助力你在职场中游刃有余。

第一，始终以 IP 需求为核心。

如果你想向上一步，就需要聚焦 IP 需要什么，并且根据 IP 的核心需求调整工作。有位朋友曾经热衷于研究技术，但是随着 IP 业务发展壮大，公司缺一个值得信任的管理者，他就成了这家公司的副总裁，管理团队的大小事务。

在 IP 行业，尤其是在初创公司，助理需要随时响应和满足 IP 的需求。自己擅长的事需要做好，不擅长、不喜欢、没做过的事，也需要咬着牙扛下来。

很多职场人有一个执念——以"喜欢做"或"不喜欢做"来衡量一项工作。曾经有位能力很强的运营主管，公司需要投放账号时，让她带领团队一起负责，但是这位运营主管质问 IP："请问我的本职工作是什么？"言下之意，IP 不应该让她负责投放业务。IP 只好让她仅负责原有的社群业务，她也因此错失晋升良机。

很多人并不知道，升职加薪有三个天选时机：第一，刚入职谈薪资待遇时，可谓谈条件、定岗位的最佳时机；第二，持续创造本职工作外的价值、做出贡献时；第三，业务发生重要调整后，能抗压或做出成绩时。

如果我们想要更快地晋升，一定要抓住"变动"的机会，因为 IP 提拔下属需要一个理由，需要一个里程碑式的事件，让团队心服口服。而合伙人的位置，需要的也是能解决问题的人。可以说，晋升合伙人是在通过承担更大的责任、更高的风险来换取更高额的回报。

所以，找准 IP 最核心的需求，但凡对 IP、对团队有益的事，一定要积极去做。有人可能会认为"非职责所在""拿多少钱做多少事"。其实，很多奖赏是具有滞后性的。当你用助理的身份承担合伙人应当担负的责任时，在团队心里，你成为真正的合伙人就是指日可待、实至名归的。

第二，看清生态位，赢得众人心。

作为 IP 助理，你的核心工作任务是辅助好 IP。要想成为 IP 的左膀右臂，除了服务好 IP，还要想方设法做 IP 与团队之间的"连接器"。

对待团队的新员工，要耐心指导并帮助对方融入，而非仗着自己入职时间长，就发号施令、颐指气使。新同事有困惑或遇到困难时，你要力所能及地帮忙梳理问题，分享积累的经验和 SOP。

对待工作能力强、资历老的同事，则要懂得给予尊重，释放足够的善意。当需要向他们传达信息、求助或询问时，你要用请教的口吻，比如："李哥，你很擅长剪辑，这个切片你来过目一下我才放心，你方便的时候帮忙看一看好吗？"

对于常常指导、帮助、支援自己的前辈同事，要用行动拉近距离，比如请喝奶茶、顺手帮忙带饭、休假旅行时带一份伴手礼。眼里有工作，心里有谱，为团队多付出，为自己积攒人气。

但在你成为真正的合伙人之前，千万不要以"准合伙人"自居，否则容易引起团队成员的反感和抵触。

第三，胸有大志，但也需脚踏实地。

我曾遇到一位职场新手，刚成为 IP 助理时就在朋友圈里和 IP 面前表达自己想成为合伙人的意愿。有理想、有雄心本身是一件好事，毕竟"不想当将军的士兵，不是好士兵"，但空有野心、好高骛远往往很难成事，有时还会引起周围人的反感。

对 IP 身边的老员工而言，新手助理表达雄心、自命不凡，可能会让一步一个脚印、踏实做事的老员工产生抵触心理。对 IP 来说，助理没有经历过锻炼和沉淀，很难得到真正的成长，若是助理此时一心追求职位晋升却没有展示相应的实力，会显得自身不够沉稳。对于助理本人来说，草率表达成为合伙人的意愿，大家有可能给予你更多关注，更可能会用合伙人的标准审视你，此时若你没有很强的实力，别人可能会觉得期待落空，并感到失望。

从助理到合伙人的道路很漫长，既需要实力的加持，也需要时间的沉淀。当实力并未达到时，不如收起雄心，聚焦当下，脚踏实地，充分学习并积攒自身实力。大部分 IP 合伙人从 IP 创业第一天起就与之甘苦与共，在公司一无所有的时候，甚至和 IP 一起在地下室办公。他们都是 IP 身边忠诚的伙伴，是一起走过风风雨雨的队友，一路走来跟 IP 建立了很深厚的关系。

从助理到合伙人，是一条充满挑战的道路。技能是根基，关系是桥梁，二者缺一不可。真正的职场赢家，往往技能与关系双丰收。技能让你被看见，关系让你被重用。

在职业发展的每一个阶段，你都必须清晰地知道自己想要什么，以及愿意为此付出什么。职场如江湖，有人靠天赋，有人靠努力，有人靠运气，但最终能走得更远的，往往是那些既能低头做事，又能抬头看路的人。愿你在培养技能与关系的过程中，找到属于自己的节奏，走出光芒万丈的职业之路。